A MEDIDA
DA FÉ

"Por isso, pela graça que me foi dada
digo a todos vocês:
Ninguém tenha de si mesmo um conceito
mais elevado do que deve ter; mas,
ao contrário, tenha um conceito equilibrado,
de acordo com a medida da fé
que Deus lhe concedeu."
(Romanos 12:3)

A MEDIDA DA FÉ

Dr. Jaerock Lee

URIM
BOOKS

A MEDIDA DA FÉ, escrito por Dr. Jaerock Lee

Publicado por Livros Urim (Representante: Seongnam Vin)
235-3, Guro-dong3, Guro-gu, Seul, Coréia do Sul
www.urimbooks.com

Os textos das referências bíblicas foram extraídos da Bíblia de Nova Versão Internacional (NVI), salvo indicação específica. Utilizado sob permissão.

Publicado anteriormente pela Livros Urim(Urim Books), Seul, Coréia em 2002

Primeira Edição em septembro de 2011

Editado por Geumsun Vin
Traduzido do inglês para português por Fernanda Dias de Almeida e Álvaro César Ramírez
Design criado pelo Editorial da Livros Urim
Impresso pela Yewon Printing Company
Para mais informações, entre em contato: urimbook@hotmail.com

Prefácio

Que cada um de vocês possa ter uma completa medida de fé, a fé do espírito, e possa, assim, desfrutar da divina e eterna glória na Nova Jerusalém, onde está o trono de Deus!

Juntamente com *A Mensagem da Cruz*, *A Medida da Fé* é a mais importante e fundamental direção para uma boa vida cristã. Dou todo o louvor e ação de graças a Deus Pai que abençoou esta preciosa obra para que fosse publicada e revelasse o interesse espiritual de inúmeras pessoas.

Hoje em dia são muitos os que dizem crer mas que não têm certeza de sua salvação. Eles não sabem que a fé é medida e que, para receberem a salvação, devem ter muita fé. As pessoas falam umas para as outras: "Esse homem tem muita fé," ou "A fé daquele homem é pequena." Ainda assim, saber o quanto de sua fé Deus realmente aceita, medir o tamanho dela ou o quanto ela cresceu, não é fácil. Deus não quer que tenhamos uma fé carnal, mas sim uma fé espiritual acompanhada de ações. Alguns dizem que as pessoas adquirem tal fé apenas ouvindo, aprendendo e então memorizando a Palavra de Deus, armazenando-A como qualquer outro conhecimento. No entanto, não conseguimos ter a verdadeira fé, a fé espiritual, segundo nossos próprios esforços ou vontade; ela nos é dada somente por Deus.

Essa é a razão pela qual Romanos 12:3 nos incentiva: *"Por isso, pela graça que me foi dada, digo a todos vocês: Ninguém tenha de si mesmo um conceito mais elevado do que deve ter; mas, ao contrário, tenha um conceito equilibrado, de acordo com a medida da fé que Deus lhe concedeu."* Esta passagem nos diz que cada indivíduo tem sua própria fé espiritual dada por Deus, e Suas respostas e bênçãos variam de acordo com a medida da fé de cada um.

1 João 2:12 em diante retrata o crescimento da fé de cada pessoa como a fé de crianças recém-nascidas, crianças aprendendo a andar, crianças e pais. 1 Coríntios 15:41 diz: *"Um é o esplendor do sol, outro, o da lua; e outro o das estrelas; e as estrelas diferem em esplendor umas das outras."* Esta passagem nos lembra que a glória e a casa celestial de cada indivíduo são diferentes de acordo com a medida de sua fé. É importante receber a salvação e ir para o céu, mas saber qual será a nossa moradia no céu e quais os tipos de coroas e recompensas que iremos receber possui ainda mais valor.

O Deus de amor quer que seus filhos possuam a medida completa de fé, não vê a hora de sua entrada na Nova Jerusalém, onde está o Seu trono, e anseia viver com eles para sempre.

Indo ao encontro do coração de Deus e dos ensinamentos da Palavra, *A Medida da Fé* expõe cinco níveis de fé e do reino dos céus, e ajuda o leitor a medir sua própria fé. A medida da fé e os lugares do reino celestial podem ser divididos em mais de cinco níveis, mas este livro trabalha com cinco para que fique mais fácil de entender. Espero que você possa crescer em vigor espiritual, ao comparar a medida da sua fé com a dos patriarcas da Bíblia.

Anos atrás, eu havia orado para receber revelações em alguns versículos da Palavra que eram difíceis de compreender e, a partir de certo dia, Deus começou a me explicar que o reino do céu é dividido e que as casas celestiais dadas a cada um de seus filhos variam, segundo o tamanho de sua fé.

Algum tempo depois, preguei sobre o assunto, editei as mensagens e as publiquei neste livro. Agradeço a Geumsun Vin, diretor da editora, e a muitos funcionários fiéis que trabalharam na edição e também à área de tradução.

Que cada leitor de *"A Medida da Fé"* possa ter uma completa medida da fé, a fé do espírito, e possa, assim, desfrutar da divina e eterna glória na Nova Jerusalém, onde está o trono de Deus. É a minha oração, em nome do nosso Senhor Jesus Cristo!

De minha casa de oração,

Jaerock Lee

Introdução

Espero que este livro possa ser um guia de grande valor a fim de medir a fé de cada um e levar inúmeras pessoas a terem a medida da fé que agrada a Deus...

A Medida da Fé percorre os cinco níveis de fé, desde a fé dos bebês espirituais que acabaram de aceitar Jesus e o Espírito Santo, até a medida da fé dos 'pais' que conhecem a Deus, aquele que é desde o princípio, de modo que qualquer um possa aumentar a medida de sua fé.

O Capítulo 1: "O que é Fé?" define fé e decorre sobre o tipo de fé que agrada a Deus e os tipos de bênçãos e respostas que a seguem. A Bíblia classifica a fé em dois tipos: "fé carnal" ou "fé como conhecimento" e "fé espiritual". Esse Capítulo nos ensina como possuir fé espiritual e levar uma vida abençoada em Cristo Jesus.

Baseado principalmente em 1 João 2:12-14, o Capítulo 2: "O Crescimento da Fé Espiritual", descreve o processo de crescimento da fé espiritual, relancionando-o ao crescimento do ser humano – bebês recém-nascidos, começando a andar, crianças, jovens e pais. Em outras palavras, depois que uma pessoa aceita Jesus Cristo, ela cresce espiritualmente de fé em fé: da fé de um bebê à fé de um adulto.

No Capítulo 3: "A Medida da Fé de Cada Um", a medida da fé de cada indivíduo é explicada através da parábola que fala sobre o que irá prevalecer nas obras de palha, feno, madeira, pedras preciosas, prata e ouro, depois que forem provadas pelo fogo. Deus quer que tenhamos uma fé de ouro, cuja obra nunca é queimada por nenhuma provação.

O Capítulo 4: "Fé para Receber a Salvação", fala sobre o menor e primeiro dos cinco níveis de fé, através do qual a pessoa pode receber a salvação. Também é chamado de "fé de bebês" ou "fé de palha". Através de exemplos detalhados, o Capítulo nos incentiva a amadurecer nossa fé rapidamente.

O Capítulo 5: "Fé para Tentar Viver pela Palavra", nos diz que estamos no segundo nível de fé, quando tentamos obedecer à Palavra de Deus, mas não conseguimos e nossa maior dificuldade é jejuar pela nossa fé neste nível. Esse Capítulo também nos ensina como fazer para que nossa fé avance para o terceiro nível.

O Capítulo 6: "Fé para Viver pela Palavra", percorre brevemente o processo no qual a fé começa no primeiro nível, amadurece para o segundo, vai para o primeiro estágio do terceiro e chega à rocha da fé, o que já ocupa mais de 60% deste estágio. Depois, o Capítulo fala da diferença entre o primeiro estágio do terceiro nível e a rocha da fé, porque não temos que nos sentir oprimidos quando ficamos firmes sobre ela, e a importância de lutar contra os pecados com todas as nossas forças.

O Capítulo 7: "Fé para Amar o Senhor Acima Todas as Coisas", explica as diferenças entre as pessoas no terceiro nível de fé, como elas se encontram no quarto nível, em termos de amar ao Senhor, e os tipos de bênçãos que vêm sobre os que O amam acima de todas as coisas.

O Capítulo 8: "Fé para Agradar a Deus", descreve o quinto nível da fé. Ele diz que, para alcançá-lo, devemos não apenas nos santificar por completo, como Enoque, Abraão ou Moisés, mas também ser fiéis em toda a casa de Deus, executando todos os deveres que nos foram dados. Além disso, devemos ser perfeitos, ao ponto de abrirmos mão de nossas próprias vidas, entregando-as para o Senhor, e possuirmos assim a fé de Cristo, a fé completa do espírito. O Capítulo finaliza falando sobre os tipos de bênçãos que podemos desfrutar, quando agradamos a Deus no quinto nível de fé.

O Capítulo seguinte: "Sinais Acompanhando Os que Crêem", diz que quando temos a fé perfeita, esta será acompanhada de sinais miraculosos e, baseado na promessa de Jesus em Marcos 16:17-18, o Capítulo os examina de perto um por um. Nesse capítulo, o autor também enfatiza que se deve pregar mensagens de poder que sejam acompanhadas de milagres, testemunhando, assim, o Deus Vivo e dando forte fé a inúmeras pessoas em uma era, em que o mundo está cheio de pecados e maldade.

Finalmente, o Capítulo 10: "Diferentes Coroas e Lugares Celestiais" diz que há casas e lugares celestiais que qualquer um pode entrar, segundo sua fé, e que a glória e as recompensas de cada um são consideravelmente diferentes de um reino do céu para o outro. Em particular, a fim de ajudar os leitores a encontrarem o melhor lugar celestial para habitarem para sempre, com fé e com a esperança pelo céu. Esse capítulo é finalizado com uma breve descrição da Nova Jerusalém, em sua beleza e magnitude, na qual está o trono de Deus.

Se entendermos que há, de fato, diferenças entre casas celestiais e recompensas, de acordo com a medida da fé de cada indivíduo, nossa atitude em nossa vida cristã, sem dúvida, se transformará.

Espero que todo aquele que ler *A Medida da Fé* possa: possuir o tipo de fé que agrada a Deus, obedecer ao que quer que Ele disser, e glorificá-Lo abundantemente.

Geumsun Vin
Diretor Editorial

Conteúdo

Capítulo 1

O QUE É FÉ?

A MEDIDA DA FÉ

"Ora, a fé é a certeza daquilo que esperamos
e a convicção das coisas que não vemos.
Pois foi por meio dela que os
antigos receberam bom testemunho.
Pela fé entendemos que o universo
foi formado pela palavra de Deus,
de modo que aquilo que se vê não foi feito do
que é visível."

(Hebreus 11:1-3)

Muitas vezes, na Bíblia, vemos que o que não podemos esperar que aconteça por ser impossível de ser executado com forças humanas, foi realizado pelo poder de Deus.

Moisés levou os israelistas ao Mar Vermelho, dividiu-o em dois enormes muros d'água e eles o atravessaram como se estivessem caminhando em terra seca. Josué destruiu a cidade de Jericó, marchando treze vezes ao seu redor. Através da oração de Elias, choveu depois de três anos e meio de seca. Pedro fez um coxo levantar e caminhar e o apóstolo Paulo ressuscitou um jovem que havia morrido, ao cair do terceiro andar de uma casa. Jesus caminhou sobre as águas, acalmou o vento e tempestade, fez o cego ver e ressuscitou um homem que já estava no túmulo há quatro dias.

O poder da fé é imensurável e, com ela, tudo é possível. Como Jesus nos diz em Marcos 9:23: *"Se podes?", disse Jesus: "Tudo é possível àquele que crê."*. Você é capaz de receber seja o que for que pedir a Deus, se sua fé for aceitável a Ele.

Então, qual é o tipo de fé que Deus aceita e como eu posso possuí-la?

1. A Definição da Fé que Deus Aceita

Muitas pessoas hoje dizem acreditar no Deus Todo Poderoso,

mas não recebem respostas para suas orações, por não possuírem fé verdadeira. Hebreus 11:6 diz: *"Sem fé é impossível agradar a Deus, pois quem dele se aproxima precisa crer que ele existe e que recompensa aqueles que o buscam."* Deus nos diz explicitamente que, para agradá-Lo, devemos ter fé verdadeira.

Nada é impossível quando se tem a fé perfeita, pois a fé é o fundamento de uma boa vida cristã e a chave para as bênçãos e respostas de Deus. Infelizmente, há muitas pessoas que não podem desfrutar de Suas bênçãos e receber a salvação por não possuírem fé verdadeira.

Fé é a certeza daquilo que esperamos e a convicção das coisas que não vemos

Fé é pitis em grego, que significa "estar firme ou fiel" e é definida em Hebreus 11:1: *"Ora, a fé é a certeza daquilo que esperamos e a convicção das coisas que não vemos."*

"A certeza daquilo que esperamos" se refere àquilo que esperamos que apareça em nossa realidade por termos certeza absoluta de que irão acontecer. Por exemplo, o que uma pessoa doente, que sofre de fortes dores, mais deseja? Naturalmente seu desejo é ser curada e ter uma boa saúde. Assim, ela deve ter fé suficiente para ter certeza de sua recuperação, ou seja, a boa saúde torna-se uma realidade para ela, se sua fé é perfeita.

Depois, "a convicção das coisas que não vemos" se refere a elementos e questões das quais, através da fé espiritual, temos certeza de que irão acontecer, mesmo na realidade onde nem todas as coisas são visíveis a olhos nus.

Portanto, a fé nos capacita a acreditar que Deus cria todas as coisas do nada. Os patriarcas da fé, com fé receberam "a certeza daquilo que esperavam" como uma realidade, e "a convicção das coisas que eles não viam" como eventos e objetos tangíveis. Daquela maneira, eles experimentaram o poder de Deus, que lhes criou coisas a partir do nada.

Assim como os patriarcas da fé, aqueles que crêem que Deus cria todas as coisas do nada, também crêem que, no princípio, Ele criou todas as coisas dos céus e da terra através de Sua Palavra. É verdade que ninguém testemunhou a criação dos céus e da terra com seus próprios olhos, pois isto aconteceu antes que o homem fosse criado; mas, ainda assim, pessoas com fé nunca duvidam que Deus, do nada, fez com que todas as coisas viessem à existência.

Assim sendo, Hebreus 11:3 nos lembra que, pela fé, entendemos que os mundos foram preparados pela palavra de Deus e que o que vemos não foi feito de coisas visíveis. Quando Deus disse, *"Haja luz"*, houve luz (Gênesis 1:3). Quando Ele disse: *"Cubra-se a terra de vegetação: plantas que dêem sementes e árvores cujos frutos produzam sementes de acordo com as suas espécies"*. Tudo foi da maneira como Ele ordenou (Gênesis 1:11).

Todas as coisas do universo, vistas a olhos nus, não foram feitas a partir de nenhum material visível, embora muitos o acham. Essas pessoas não crêem que Deus possa ter feito tudo do nada; nunca aprenderam, viram ou ouviram que tal coisa pudesse e possa acontecer.

Obras de obediência são evidências de fé

A fim de esperar por algo que não é possível acontecer e fazer daquilo uma realidade, devemos ter a evidência da fé que Deus aprova. Em outras palavras, devemos mostrar tal evidência através da obediência à Palavra de Deus. Se obedecemos a Ela é porque confiamos n'Ela. Hebreus 11:4-7 fala sobre os patriarcas da fé, que foram considerados retos e justos por demonstrarem a fé através de suas atitudes: Abel, por oferecer a Deus um sacrifício de sangue que Lhe foi aceitável; Enoque, por ter se santificado completamente e Noé, que se tornou o herdeiro da justiça, ao construir a arca da salvação somente pela fé.

Examinemos a história de Caim e Abel, em Gênesis 4:1-15, para que possamos entender como é a fé verdadeira que é aceitável a Deus. Caim e Abel eram os filhos de Adão e Eva, que nasceram depois de seus pais terem sido mandados embora do Jardim do Éden, por terem desobedecido ao mandamento de Deus, *"Coma livremente de qualquer árvore do jardim, mas não coma da árvore do conhecimento do bem e do mal, porque no dia em que dela comer, certamente você morrerá."* (Gênesis 2:16,17).

Adão e Eva se arrependeram de sua desobediência porque, a partir dali, passaram a se alimentar do suor de seu rosto e a ter grande dor ao dar à luz na terra amaldiçoada. Ensinaram então diligitemente aos seus filhos sobre a importância da obediência e lhes disseram para viverem pela palavra de Deus, enfatizando para jamais desobedecerem a Seus mandamentos.

Além disso, Adão e Eva também devem ter ensinado aos seus filhos que, para terem o perdão de seus pecados, eles deveriam oferecer a Deus um sacrifício de sangue.

Entretanto, muito tempo depois, Caim traiu a Deus da mesma forma que sua mãe, Eva, o fez, ao desobedecer à Sua palavra. Como era agricultor, ofereceu a Deus uma oferta que era fruto da terra, da maneira que lhe convinha. Abel, por sua vez, era pastor e ofereceu as partes gordas da primeira cria de seu rebanho, da maneira como Deus havia ordenado aos seus pais. Deus aceitou o sacrifício de Abel, mas rejeitou o de Caim, que havia desobedecido a Seu mandamento. Como resultado, Abel foi considerado como um homem justo (Hebreus 11:4). A história de Caim e Abel nos ensina que Deus confia em nós e nos aprova, à medida que confiamos e obedecemos à sua Palavra; e os casos de Moisés e Enoque também nos levam a essa conclusão.

A fé é evidenciada por obras de obediência. Portanto, devemos nos lembrar de que Deus nos aprova quando mostramos a Ele a evidência de nossa fé, obedecendo à Sua palavra com nossas obras e atitudes a todo o tempo, tentando obedecer-Lhe sob qualquer circunstância.

Fé traz bênçãos e respostas

Devemos obedecer à palavra de Deus para que possamos, pela fé, fazer "daquilo que esperamos", surgir "sua substância". Se não seguirmos a maneira de Deus, assim como fez Caim, embasando-se na terra cujo trabalho é difícil de suportar, de acordo com a lei do mundo espiritual, não poderemos receber as respostas de Deus, juntamente com suas bênçãos.

Hebreus 11:8-9 fala detalhadamente sobre Abraão, que demonstrou suas obras de obediência à palavra de Deus como evidência de sua fé. Pela fé, ele deixou sua própria terra ao ouvir a ordem de Deus. Mesmo quando Deus lhe disse para oferecer seu único e amado filho Isaque, (que Ele lhe tinha dado nos seus 100 anos de idade), como sacrifício, Abraão obedeceu instantaneamente, pois sabia que Deus podia ressuscitá-lo. Com tais atitudes de obedicência, Deus lhe deu grandes bênçãos e respostas:

> *Pela segunda vez o Anjo do SENHOR chamou do céu a Abraão e disse: "Juro por mim mesmo", declara o SENHOR, "que por ter feito o que fez, não me negando seu filho, o seu único filho, esteja certo de que o abençoarei e farei seus descendentes tão numerosos como as estrelas do céu e como a areia das praias do mar. Sua descendência conquistará as cidades dos que lhe forem inimigos e, por meio dela, todos os povos da terra serão abençoados, porque você me obedeceu".*
> *(Gênesis 22:15-18)*

Além disso, podemos ver em Gênesis 24:1, que *"Abraão já era velho, de idade bem avançada, e o SENHOR em tudo o abençoara."* Tiago 2:23 também nos lembra: *"Cumpriu-se assim a escritura que diz: 'Abraão creu em Deus, e isso lhe foi creditado como justiça', e ele foi chamado amigo de Deus."*

Assim, podemos dizer que Abraão foi grandemente abençoado em todas as áreas de sua vida porque confiou em Deus, quem controla todas as coisas na vida e na morte, bênçãos e maldições, e tem tudo em suas mãos. Da mesma maneira, seremos capazes de desfrutar das bênçãos de Deus em todas as áreas de nossas vidas e receber respostas do que quer que pedirmos, quando entendermos a definição correta de fé e demonstrá-la através de nossas obras e atitudes em perfeita obediência.

2. O Poder da Fé Desconhece Limites

Nós podemos ter contato com Deus através da fé, pois esta é como o primeiro portão do terreno espiritual no mundo tetra-dimensional. Somente quando passamos pelo primeiro portão é que nossos ouvidos e olhos espirituais são abertos, para que possamos escutar a voz de Deus e ver em espírito.

Dessa forma, vivemos pela palavra de Deus, recebemos tudo o que pedimos com fé, e somos alegres e esperançosos pelo reino dos céus. Inclusive, quando nossos corações estão cheios de alegria e gratidão, e quando a esperança pelo céu transborda em nossas vidas, amamos a Deus acima de todas as outras coisas e O agradamos.

Então, o mundo deixa de ser digno de nós e de nossa fé, pois além de nos tornarmos testemunhas do Senhor, com o poder que nos foi dado através do Espírito Santo, somos fiéis até a morte e amamos a Deus com toda a nossa vida, assim como era o apóstolo Paulo.

O mundo não é digno do poder da fé

Ao descrever o poder da fé, Hebreus 11:32-38 ilustra a fé dos patriarcas:

Que mais direi? Não tenho tempo para falar de Gideão, Baraque, Sansão, Jefté, Davi, Samuel e os profetas, os quais, pela fé, conquistaram reinos, praticaram a justiça, alcançaram o cumprimento de promessas, fecharam a boca de leões, apagaram o poder do fogo e escaparam do fio da espada; da fraqueza tiraram força, tornaram-se poderosos na batalha e puseram em fuga exércitos estrangeiros. Houve mulheres que, pela ressurreição, tiveram de volta os seus mortos. Uns foram torturados e recusaram ser libertados, para poderem alcançar uma ressurreição superior; outros enfrentaram zombaria e açoites; outros ainda foram acorrentados e colocados na prisão, apedrejados, serrados ao meio, postos à prova, mortos ao fio da espada. Andaram errantes, vestidos de pele de ovelhas e de cabras, necessitados, afligidos e maltratados. O mundo não era digno deles. Vagaram pelos desertos e montes, pelas cavernas e grutas.

As pessoas de cuja fé o mundo não é digno, podem abrir mão não apenas de suas honras terrenas e riqueza, mas também de suas vidas. Como em 1 João 4:18 diz: *"No amor não há medo; ao contrário, o perfeito amor expulsa o medo, porque o medo supõe castigo. Aquele que tem medo não está aperfeiçoado no amor".* O medo vai embora de acordo com a medida do nosso amor.

O que é impossível para as forças humanas torna-se possível com o poder de Deus. Um de Seus profetas, Elias, salvou sua terra ao descobrir, com a inspiração do Espírito Santo, onde o inimigo estava acampado. Daniel sobreviveu a uma cova cheia de leões famintos.

No Novo Testamento, houve muitas pessoas que abriram mão de suas próprias vidas por amor ao evangelho e ao Senhor. Tiago, um dos doze discípulos de Jesus, nosso Senhor, tornou-se o primeiro mártir entre eles ao ser morto com uma espada. Pedro, o discípulo chefe de Jesus Cristo, foi crucificado de cabeça para baixo. Em seu imenso amor ao Senhor, o apóstolo Paulo estava contente e grato a Deus, mesmo dentro de uma prisão e sendo quase morto e espancado muitas vezes. Foi decapitado e também se tornou um grande mártir pelo Senhor.

Muitos cristãos foram devorados por leões no Coliseu, em Roma, ou tiveram que viver em tumbas sem verem a luz do sol até sua morte, devido à grande perseguição por parte do Império Romano. O apóstolo Paulo ficou firme em sua fé em toda e qualquer situação que viveu e superou o mundo. Ele pôde, assim, confessar: *"Quem nos separará do amor de Cristo? Será tribulação, ou angústia, ou perseguição, ou fome, ou nudez, ou perigo, ou espada?"* (Romanos 8:35)

A fé é solução de qualquer problema

Houve um incidente no qual Jesus viu a fé de um paralítico e seus amigos e disse a ele em Marcos 2: *"Filho, os seus pecados estão perdoados"* (v. 2), e o paralítico foi curado imediatamente. Quando as pessoas ouviram que Jesus estava em uma casa em Carfanaum, muitos foram se juntando ali, até não haver mais lugar para ficarem, nem mesmo junto à porta. O paralítico não podia ir até Jesus por causa da multidão, então seus quatro amigos fizeram um buraco no telhado e o desceram deitado em uma maca. Jesus considerou a atitude deles (que demonstrava fé) e perdoôu o paralítico de seus pecados dizendo: *"Filho, os seus pecados estão perdoados"* (v. 5).

Entretanto, alguns professores da lei que estavam sentados ali estavam céticos e pensaram: *"Por que esse homem fala assim? Está blasfemando! Quem pode perdoar pecados, a não ser somente Deus?"* (v. 7). Jesus então lhes disse:

> *Jesus percebeu logo em seu espírito que era isso que eles estavam pensando e lhes disse: "Por que vocês estão remoendo essas coisas em seu coração? Que é mais fácil dizer ao paralítico: Os seus pecados estão perdoados, ou: Levante-se, pegue a sua maca e ande?"*
> *(Marcos 2:8,9)*

Então Jesus ordenou ao paralítico: *"eu lhe digo: Levante-se, pegue a sua maca e vá para casa"* (v. 11). O homem, que até então havia estado paralisado, se levantou, pegou sua maca e saiu para casa na presença de todas as pessoas que estavam naquele lugar. Todos ficaram atônitos e glorificaram a Deus dizendo: *"Nunca vimos nada igual!"* (v.12).

Essa história nos diz que todos os problemas em nossas vidas podem ser resolvidos, quando somos perdoados de nossos pecados pela fé. Isso porque há mais ou menos dois mil anos atrás, Jesus, nosso Salvador, abriu o caminho da salvação ao nos redimir de todos os tipos de problemas em vida como o pecado, a morte, a pobreza, as doenças, e o resto. (Para mais sobre isso, leia *A Mensagem da Cruz*).

Podemos receber o que quer que pedirmos, se somos perdoados de nossos pecados por não termos vivido segundo a Palavra de Deus. Ele nos promete em 1 João 3:21,22: *"Amados, se o nosso coração não nos condena, temos confiança diante de Deus e recebemos d'Ele tudo o que pedimos, porque obedecemos aos Seus mandamentos e fazemos o que Lhe agrada."* Dessa forma, as pessoas que não têm um muro de pecados entre elas e Deus, podem pedir-Lhe qualquer coisa corajosamente que irão receber.

Portanto, em Mateus 6, Jesus enfatizou que nós não devemos nos preocupar com o que vamos vestir ou comer, ou onde vamos morar; mas devemos buscar primeiro o reino de Deus e sua justiça:

> *"Portanto eu lhes digo: Não se preocupem com sua própria vida, quanto ao que comer ou beber; nem com seu próprio corpo, quanto ao que vestir. Não é a vida mais importante que a comida, e o corpo mais importante que a roupa? Observem as aves do céu: não semeiam, nem colhem, nem armazenam em celeiros; contudo, o Pai celestial as alimenta. Não têm vocês muito mais valor do que elas? Quem de vocês, por mais que se preocupe, pode acrescentar uma hora que seja à sua vida? "Por que vocês se preocupam com roupas? Vejam como crescem os lírios do campo. Eles não trabalham nem tecem. Contudo, eu lhes digo que nem*

Salomão, em todo o seu esplendor, vestiu-se como um deles. Se Deus veste assim a erva do campo, que hoje existe e amanhã é lançada ao fogo, não vestirá muito mais a vocês, homens de pequena fé? Portanto, não se preocupem, dizendo: 'Que vamos comer?' ou 'Que vamos beber?' ou 'Que vamos vestir?' Pois os pagãos é que correm atrás dessas coisas; mas o Pai celestial sabe que vocês precisam delas. Busquem, pois, em primeiro lugar o Reino de Deus e a sua justiça, e todas essas coisas lhes serão acrescentadas." (Mateus 6:25-33)

Se confiamos verdadeiramente na palavra de Deus, buscamos primeiramente o Seu reino e a Sua justiça. As promessas de Deus são boas e certas, como um cheque de desconto garantido, e Ele nos acrescenta todas as coisas de que precisamos, de acordo com Sua promessa, para que possamos não apenas ter a salvação e a vida eterna, mas também que possamos prosperar em tudo o que fizermos nesta vida.

A fé pode controlar até os fenômenos naturais

Ao ler Mateus 8:23-27, aprendemos sobre o poder da fé, que nos protege de qualquer tempo ou clima perigoso, capacitando-nos a controlá-los. Todas as coisas são realmente possíveis pela fé.

Entrando ele no barco, seus discípulos o seguiram. De repente, uma violenta tempestade abateu-se sobre o mar, de forma que as ondas inundavam o barco. Jesus, porém, dormia. Os discípulos foram acordá-lo, clamando: 'Senhor, salva-nos! Vamos morrer!' Ele perguntou: 'Por que vocês estão com tanto medo, homens de pequena fé?' Então ele se levantou e repreendeu os ventos e o mar, e fez-se completa bonança. Os homens ficaram perplexos e perguntaram: 'Quem é este que até os ventos e o mar lhe obedecem?'

Essa passagem diz que não devemos temer nenhuma tempestade ou ondas violentas, pois podemos controlar tais fenômenos naturais apenas com a fé. Contudo, para experimentarmos tão grande força da fé, devemos alcançar a total certeza dela, como Jesus, que através de sua fé, tudo era possível. Hebreus 10:22 nos lembra:

"Sendo assim, aproximemo-nos de Deus com um coração sincero e com plena convicção de fé, tendo os corações aspergidos para nos purificar de uma consciência culpada e tendo os nossos corpos lavados com água pura."

A Bíblia relata que podemos receber respostas para o que quer que pedirmos e fazer coisas ainda maiores que as que Jesus fez, se tivermos total certeza de nossa fé.

Digo-lhes a verdade: Aquele que crê em mim fará também as obras que tenho realizado. Fará coisas ainda maiores do que estas, porque eu estou indo para o Pai. E eu farei o que vocês pedirem em meu nome, para que o Pai seja glorificado no Filho. (João 14:12,13)

Portanto, devemos entender que o poder da fé é realmente muito grande e possuir o tipo de fé que Deus se agrada e nos pede para ter. Só assim poderemos receber as respostas que tanto procuramos além de realizar obras ainda maiores que as que Jesus realizou.

3. Fé Carnal e Fé Espiritual

Quando Jesus disse ao centurião que veio a Ele com fé: *"Vá! Como você creu, assim lhe acontecerá!"*, Seu servo foi curado instantaneamente (Mateus 8:13). Assim, percebemos que a fé verdadeira é naturalmente acompanhada por respostas de Deus. Mas, então, por que tantas pessoas não recebem respostas às suas orações, mesmo acreditando e clamando ao Senhor?

Isso acontece porque existe a fé espiritual, com a qual temos contato com Deus e recebemos Suas respostas, e existe a fé carnal, com a qual não obtemos nada, por ela não ter nada a ver com Ele. Vamos, pois, examinar as diferenças entre esses dois tipos de fé.

Fé Carnal é a fé que vem do conhecimento

A "fé carnal" se refere ao tipo de fé com a qual acreditamos em algo porque podemos vê-lo com nossos próprios olhos e surge a partir do nosso próprio conhecimento ou do senso comum. Tal fé é freqüentemente chamada de "fé que vem do conhecimento" ou "fé, segundo a razão".

Por exemplo, aqueles que não viram o processo de fabricação de determinda escrivaninha de madeira, mas ouviram falar dele, certamente acreditarão quando os outros disserem: "Aquela escrivaninha é feita de madeira." Qualquer um pode ter esse tipo de fé, pois ela está baseada na crença de que algo é feito a partir de alguma outra coisa.

As pessoas recebem e armazenam conhecimento em sua memória desde o momento em que nascem. Memorizam o que vêem, ouvem e o que aprendem de seus pais, irmãos, vizinhos, ou na escola, e utilizam então o conhecimento memorizado no cérebro quando acham necessidade.

Entre o conhecimento armazenado existem muitas inverdades que são contrárias à Palavra de Deus. Sua Palavra é a verdade que nunca muda, mas a maioria do conhecimento é inverdade e oscila ao passar do tempo. No entanto, as pessoas consideram a inverdade como verdade, por não saberem ao certo o que a verdade é. Um exemplo disso são aqueles que têm a teoria da evolução como uma verdade, simplesmente por terem lhes ensinado assim na escola; e tal crença os impede de entender que algo possa surgir do nada.

A fé carnal sem obras é morta

Primeiro, é importante dizer que as pessoas com fé carnal, mesmo freqüentando alguma igreja e ouvindo a palavra de Deus, não conseguem aceitar o fato de que Ele criou as coisas a partir do inexistente. Seu conhecimento adquirido desde o nascimento contraria a Bíblia, o que as faz não acreditar nos milagres ali registrados. Quando estão cheias do Espírito Santo e da graça de Deus, acreditam facilmente, mas já começam a duvidar quando perdem um pouco de tal graça e chegam a pensar até que as respostas que receberam de Deus foram coincidências.

Portanto, as pessoas com uma fé carnal têm conflitos em seus corações. Confessam a fé com a boca, mas não crêem verdadeiramente. Não têm contato com Deus e, uma vez que não vivem pela Sua Palavra, também não são estimadas por Ele.

Aqui está um exemplo: Aos olhos humanos, quando alguém nos prejudica, é certo revidar, mas a Bíblia, por sua vez, nos diz que devemos amar os nossos inimigos e ainda oferecer o outro lado da face a quem bater em nosso rosto. Um pessoa com fé carnal, para se sentir satisfeita, necessita "dar o troco" a quem a prejudicar, e como viveu assim durante toda a sua vida, é muito mais fácil para ela odiar, invejar ou ter ciúmes dos outros. Além disso, viver pela Palavra de Deus lhe é incômodo e ela não consegue ter sentimentos de gratidão ou alegria porque eles, simplesmente, não corresponderem à sua maneira de pensar.

Como vemos em Tiago 2:26: *"Assim como o corpo sem espírito está morto, também a fé sem obras está morta"*, a fé carnal é morta sem obras. As pessoas que a possuem não podem receber nem a salvação nem as respostas de Deus. Sobre isso, Jesus nos diz: *"Nem todo aquele que me diz: 'Senhor, Senhor', entrará no Reino dos céus, mas apenas aquele que faz a vontade de meu Pai que está nos céus"* (Mateus 7:21).

Deus aceita a fé espiritual

A fé espiritual nos é dada quando acreditamos nas coisas, mesmo quando não as vemos a olhos nus ou quando não estão de acordo com nosso conhecimento ou modo de pensar. Em outras palavras, é acreditar que Deus criou as coisas a partir do nada.

Aqueles que possuem a fé espiritual crêem, sem nenhum resquício de dúvida, que Deus criou os céus e o Planeta, através de Sua Palavra, e formou o homem do pó da terra. A fé espiritual não é algo que podemos ter porque queremos, mas é algo que recebemos de Deus. Os que possuem esse tipo de fé, com certeza, acreditam nos milagres escritos na Bíblia, o que faz com que seja fácil para eles viver pela Palavra de Deus e receber respostas a qualquer oração que fizerem.

Em suma, Deus aceita a fé espiritual acompanhada de obras e, através dela, nós podemos ser salvos, ir para o céu e receber respostas às nossas orações.

A fé espiritual é a "fé viva" acompanhada de obras

Quando temos fé espiritual, Deus aceita e garante nossas vidas com Suas bênçãos e respostas. Imaginemos, por exemplo, dois agricultores que trabalham na terra de seu empregador. Sob uma mesma condição, um consegue colher cinco sacas de arroz e o outro três. Com qual dos dois o dono da terra mais se agradaria? Naturalmente o agricultor com as cinco sacas de arroz lhe seria mais estimado e agradável.

Os dois agricultores, de acordo com seu esforço, podem colher quantidades diferentes, mesmo cultivando em uma mesma terra. O que colheu cinco sacas de arroz deve ter trabalhado com muito suor e dedicação para alcançar tal resultado. O outro, por outro lado, não conseguiu colher mais de três sacas porque, provavelmente, foi preguiçoso e negligenciou o seu trabalho.

Deus julga cada pessoa de acordo com seu fruto. Só quando

mostramos nossa fé, através de obras, é que Ele irá considerá-la espiritual e nos abençoará.

Na noite em que Jesus foi preso, um de Seus discípulos, Pedro, Lhe disse: *"Ainda que todos te abandonem, eu nunca te abandonarei"* (Mateus 26:33). Contudo, Jesus respondeu: *"Asseguro-lhe que ainda nesta noite, antes que o galo cante três vezes você me negará"* (v. 34). Pedro havia falado aquilo de todo o seu coração, mas Jesus sabia que Pedro O trairia em uma situação ameaçadora.

Pedro ainda não tinha recebido o Espírito Santo e negou Jesus três vezes, quando se viu em perigo, depois da prisão de seu Mestre. No entanto, após receber o Espírito, ele foi totalmente transformado, sua fé como conhecimento veio a ser fé espiritual, e ele se tornou um apóstolo de grande poder na pregação do evangelho. Teve uma vida justa e correta até ser crucificado de cabeça para baixo.

Logo, conseguimos em Deus e obedecer-Lhe em qualquer situação, quando temos fé espiritual; e, a fim de possuí-la, devemos nos esforçar para fazer tudo aquilo que Ele diz para fazermos e manter um coração constante. Através da viva fé espiritual, acompanhada de obras, podemos receber a salvação e a vida eterna, ser transformados em pessoas de perfeita verdade e desfrutar das maravilhosas bênçãos, tanto em termos naturais como espirituais.

Com uma fé morta, carnal e sem obras, todavia, não recebemos nem a salvação nem as respostas de Deus; não importando o quanto tentamos ou por quanto tempo temos ido à igreja.

4. Como Possuir a Fé Espiritual

Como podemos transformar nossa fé carnal em fé espiritual e fazer "aquilo que esperamos" tornar uma realidade, e "aquilo que não vimos" tornar visíveis evidências? O que devemos fazer para termos fé?

Desfazendo-nos de teorias e pensamentos carnais

Muito do conhecimento que ganhamos desde o nascimento nos previne de possuir fé espiritual por ir contra a Palavra de Deus. A teoria da evolução, por exemplo, nega que Deus tenha criado o universo. Como resultado, defensores de tal teoria não conseguem acreditar que Deus pôde criar uma coisa a partir do nada. Como podem acreditar em *"No princípio Deus criou os céus e a terra"* (Gênesis 1:1)?

Assim sendo, a fim de possuir fé espiritual, devemos demolir todo e qualquer tipo de pensamento que for contra a Palavra de Deus e todas as teorias, como a da evolução, que dificultam nossa crença na Bíblia. Se não nos livrarmos de nossos pensamentos e teorias que negam a Bíblia, não conseguiremos acreditar na Palavra de Deus, não importando o quanto tentarmos.

É importante mencionar mais uma vez que, por mais que formos aos cultos em uma igreja, isso não irá fazer com que tenhamos fé espiritual. É por isso que muitas pessoas, apesar de serem assíduas nas reuniões de sua denominação, estão longe do caminho da salvação e não têm suas orações respondidas.

O apóstolo Paulo tinha apenas a fé carnal, antes de seu encontro com o Senhor Jesus, em visão, quando ia para

Damasco. Até então, ele não reconhecia Jesus como o Salvador da humanidade, mas perseguia e prendia muitos cristãos.

Dessa forma, devemos remover de nossas vidas todo tipo de pensamento e teoria que seja contra a Palavra de Deus, a fim de transformar nossa fé carnal em fé espiritual. Através do apóstolo Paulo, Deus nos lembra o seguinte:

> As armas com as quais lutamos não são humanas; ao contrário, são poderosas em Deus para destruir fortalezas. Destruímos argumentos e toda pretensão que se levanta contra o conhecimento de Deus, e levamos cativo todo pensamento, para torná-lo obediente a Cristo. E estaremos prontos para punir todo ato de desobediência, uma vez estando completa a obediência de vocês. (2 Coríntios 10:4-6)

Paulo só conseguiu se tornar um grande pregador do evangelho depois que possuiu fé espiritual, exterminando todo tipo de pensamento, teoria e argumentos que eram contra Deus. Ele tomou a frente da evangelização de gentios e tornou-se uma pedra angular da missão mundial. Por fim, ele foi capaz de fazer uma corajosa confissão:

> Mas o que para mim era lucro, passei a considerar como perda, por causa de Cristo. Mais do que isso, considero tudo como perda, comparado com a suprema grandeza do conhecimento de Cristo Jesus, meu Senhor, por quem perdi todas as coisas. Eu as considero como esterco para poder ganhar Cristo e ser encontrado nele,

não tendo a minha própria justiça que procede da Lei,
mas a que vem mediante a fé em Cristo, a justiça que
procede de Deus e se baseia na fé. (Filipenses 3:7-9)

Aprendendo a palavra de Deus com empenho e muito interesse

Romanos 10:17 nos ensina: *"Conseqüentemente, a fé vem*
por se ouvir a mensagem, e a mensagem é ouvida mediante
a palavra de Cristo." Devemos ouvir a mensagem de Deus e
aprendê-la; pois se não conhecemos a Sua Palavra, não podemos
viver por Ela. Se A deixamos armazenada em nossas mentes
apenas como conhecimento e não A colocamos em prática, Deus
não pode nos dar fé espiritual por corrermos um sério risco de
ficarmos orgulhosos.

Imaginemos uma garota que sonha em ser uma grande e
respeitada pianista. Não importa o quanto leia apostilas e aprenda
teorias; se não praticar, nada vai acontecer. Da mesma maneira,
de nada adianta nos aplicarmos a fundo na leitura, no ouvir, ou
no aprendizado da Palavra de Deus, se não obedecermos a Ela.
Podemos ter fé espiritual só quando agimos segundo o que Deus
nos diz.

Obedecendo à voz de Deus

Devemos acreditar no Deus vivo e cumprir o que Ele nos diz,
independentemente das circunstâncias. Se cremos realmente
em Sua Palavra, depois que A ouvimos, certamente obedecemos
a Ela . Ao fazê-lo, as coisas vêm à existência; o que faz com que

nasça uma forte certeza em nosso coração e empenhemos ainda mais em viver a Palavra.

À medida que esse processo se repete, podemos receber a fé que nos capacita a obedecer completamente à Palavra de Deus, e Sua graça e força vêm sobre nós. Somos cheios do Espírito Santo e tudo dá certo para nós.

Nos tempos do Êxodo, existiam pelo menos seis mil homens israelitas com vinte anos de idade; mas em seu final, no entanto, somente dois deles – Josué e Calebe – entraram na terra Prometida de Canaã. Ou seja, com exceção destes dois, nenhum outro confiou na promessa de Deus ou obedeceu a Ele.

Em Números 14:11, o SENHOR disse a Moisés: *"Até quando este povo me tratará com pouco caso? Até quando se recusará a crer em mim, apesar de todos os sinais que realizei entre eles?"*

Eles conheciam bem a Deus e, por terem testemunhado o Seu poder nas dez pragas do Egito e na abertura do Mar Vermelho, também acharam que confiavam n"Ele. Eles experimentaram a direção e a presença de Deus, com uma coluna de fogo pela noite e uma nuvem durante o dia, e comeram o maná dos céus, diariamente.

Todavia, quando Deus os ordenou que entrassem na terra de Canaã, eles não Lhe obedeceram, porque temiam os canaãnitas e ainda reclamaram e se opuseram a Moisés e Aarão. Por isso que, apesar da fé carnal que tinham ao ver e ouvir os milagres e o poder de Deus em ação, eles não tinham fé espiritual para obedecê-Lo.

Para possuirmos fé espiritual, devemos sempre acreditar em Deus e obedecer à Sua voz. Se verdadeiramente O amarmos, nós

Lhe obedeceremos e Ele então responderá às nossas orações e nos dará a vida eterna. Romanos 10:9,10 nos diz: *"Se você confessar com a sua boca que Jesus é Senhor e crer em seu coração que Deus o ressuscitou dentre os mortos, será salvo. Pois com o coração se crê para a justiça, e com a boca se confessa para a salvação."*

"Crer em seu coração" não se refere à fé como conhecimento, mas à fé espiritual com a qual acreditamos em algo, sem nenhuma sombra de dúvida. Aqueles que crêem na Palavra de Deus em seu interior e obedecem a Ela, tornam-se justos e passam a se assemelhar cada vez mais ao Senhor. Sua confissão, "Eu creio no Senhor", é verdadeira e eles recebem a salvação.

Em nome do Senhor, que possamos receber fé espiritual acompanhada de obras para obedecermos a Deus! Então poderemos agradar-Lhe e desfrutar de uma vida em Seu poder, através do qual todas as coisas são possíveis.

Capítulo 2

O Crescimento da Fé Espiritual

A M E D I D A   D A   F É

～

"Filhinhos, eu lhes escrevo porque
os seus pecados foram perdoados,
graças ao nome de Jesus. Pais, eu lhes escrevo
porque vocês conhecem aquele que
é desde o princípio. Jovens, eu lhes
escrevo porque venceram o Maligno.
Filhinhos, eu lhes escrevi porque vocês
conhecem o Pai. Pais, eu lhes escrevi
porque vocês conhecem
aquele que é desde o princípio.
Jovens, eu lhes, escrevi
porque vocês são fortes,
e em vocês a Palavra de Deus permanece
e vocês venceram o Maligno."
(1 João 2:12-14)

～

Como seus filhos, podemos desfrutar da justiça e das bênçãos de Deus, se tivermos fé espiritual. Com ela, recebemos não apenas a salvação para irmos para o céu, mas também respostas para o que quer que coloquemos diante Dele em oração. Além disso, quando temos a fé que agrada a Deus (que obedece à Sua Palavra), todas as coisas são possíveis.

É por essa razão que Jesus nos diz em Marcos 16:17,18: *"Estes sinais acompanharão os que crerem: em meu nome expulsarão demônios; falarão novas línguas; pegarão em serpentes; e, se beberem algum veneno mortal, não lhes fará mal nenhum; imporão as mãos sobre os doentes, e estes ficarão curados".*

De um pequeno grão de mostarda cresce uma grande árvore

Ao ver que não estavam conseguindo expulsar demônios, Jesus disse aos seus discípulos que eles tinham pouca fé. Ele disse que se a tivessem pelo menos do tamanho de um grão de mostarda, tudo seria possível. Ele diz em Mateus 17:20: *"Porque a fé que vocês têm é pequena. Eu lhes asseguro que se vocês tiverem fé do tamanho de um grão de mostarda, poderão dizer a este monte: 'Vá daqui para lá', e ele irá. Nada lhes será impossível."*

Uma semente de mostarda é pequena como a marca que a ponta de uma caneta faz em um papel. Ainda assim, se tivermos fé de tal tamanho, podemos mover uma montanha de um lugar para o outro e todas as coisas nos tornam possíveis.

Você tem uma fé pequena como um grão de mostarda? Uma montanha muda de um lugar para o outro, quando você ordena? Todas as coisas lhe são possíveis? Uma vez que é impossível entendermos o significado da passagem acima, sem discernimento espiritual, analisemos uma parábola de Jesus, que também envolve um grão de mostarda:

> *O Reino dos céus é como um grão de mostarda que um homem plantou em seu campo. Embora seja a menor dentre todas as sementes, quando cresce torna-se a maior das hortaliças e se transforma numa árvore, de modo que as aves do céu vêm fazer os seus ninhos em seus ramos (Mateus 13:31,32).*

Um grão de mostarda é menor que qualquer outra semente, mas quando cresce, se torna uma grande árvore, onde muitos pássaros encontram lugar para fazer seus ninhos. Jesus usou essa parábola para nos ensinar que podemos mudar uma montanha de lugar e que todas as coias nos são possíveis, se nossa pequena fé amadurecer, crescer, desenvolver-se. Como seus discípulos haviam estado com Ele por muito tempo e viram muitas maravilhas de Deus acontecerem, era para eles terem tido a grande fé, através da qual, tudo é possível; no entanto, não foi o que aconteceu e o Senhor os desaprovou.

A medida completa da fé

Depois de recebermos o Espírito Santo e possuirmos fé espiritual, esta deve se desenvolver e atingir a medida completa na qual tudo é possível. Aumentando nossa fé, Deus deseja que recebamos respostas ao que quer que pedirmos;

Efésios 4:13-15 nos lembra: *"...até que todos alcancemos a unidade da fé e do conhecimento do Filho de Deus, e cheguemos à maturidade, atingindo a medida da plenitude de Cristo. O propósito é que não sejamos mais como crianças, levados de um lado para outro pelas ondas, nem jogados para cá e para lá por todo vento de doutrina e pela astúcia e esperteza de homens que induzem ao erro. Antes, seguindo a verdade em amor, cresçamos em tudo naquele que é a cabeça, Cristo."*

Quando um bebê nasce, é natural que ele seja registrado junto a um órgão governamental e que cresça passando pela fase infantil e depois juvenil, etc. No tempo certo, ele se casa e depois se torna pai.

Da mesma forma, quando nos tornamos filhos de Deus através de Jesus Cristo e o nosso nome é escrito no Livro da Vida no reino dos céus, nossa fé deve crescer a cada dia e alcançar a fé de crianças, depois de jovens, e então de pais.

É essa a razão pela qual 1 Coríntios 3:2,3 nos ensina: *"Dei-lhes leite, e não alimento sólido, pois vocês não estavam em condições de recebê-lo. De fato, vocês ainda não estão em condições, porque ainda são carnais. Por que, se há inveja e divisão entre vocês, não estão sendo carnais e agindo como mundanos?"*

Assim como um bebê recém-nascido tem de beber leite para sobreviver, um bebê espiritual também tem de beber leite espiritual para crescer. Como, então, um bebê espiritual pode crescer até o ponto de se tornar um pai?

1. A Fé de Recém-nascidos e de Crianças Aprendendo a Andar

1 João 2:12 diz: *"Filhinhos, eu lhes escrevo porque os seus pecados foram perdoados, graças ao nome de Jesus"*. Este versículo nos fala que, aquele que não conhecia a Deus será perdoado de seus pecados, quando aceitar Jesus Cristo e receber o direito de se tornar um filho de , através do Espírito Santo, que passa a habitar em seu coração (João 1:12).

Não há outro nome senão o de Jesus Cristo pelo qual podemos ser perdoados e receber a salvação. Contudo, as pessoas do mundo consideram o Cristianismo como um tipo de religião que é boa para o bem-estar da mente e fazem a triste pergunta: "Por que vocês dizem que podemos ser salvos apenas através de Jesus Cristo?"

Por que, então, Jesus Cristo é o nosso único Salvador? Os seres humanos não podem ser salvos por nenhum outro nome que não seja o nome de Jesus Cristo, e podem ser perdoados de seus pecados somente através do sangue de Jesus, que morreu na cruz.

Atos 4:12 declara: *"Não há salvação em nenhum outro, pois, debaixo do céu não há nenhum outro nome dado aos homens pelo qual devamos ser salvos"*, e Atos 10:43 diz: *"Todos os profetas dão testemunho d'Ele, de que todo o que n'Ele crê recebe o perdão dos pecados mediante o seu nome ".* Portanto, é da vontade e providência de Deus que os homens sejam salvos através de Jesus Cristo.

Ao percorrer a história da espécie humana, houve aqueles que foram chamados de "grandes" ou "magníficos", como Sócrates, Confúcio, Buda, entre outros. Da perspectiva de Deus, todavia, todos eles foram apenas meras criaturas pecadoras, pois todos os homens nasceram já com o pecado original herdado de Adão, que cometeu o pecado da desobediência.

Jesus teve o poder espiritual e as qualificações necessárias para ser o Salvador do ser humano: Ele não tinha nenhum pecado original, pois foi concebido pelo Espírito Santo e também não cometeu nenhum pecado ao longo de sua vida. Ele tinha então a força para salvar a espécie humana, porque não carregava nenhuma culpa e tamanho era o amor por nós, pecadores, que Ele sacrificou sua própria vida em nosso favor.

Assim sendo, se cremos que Jesus Cristo é o único caminho verdadeiro para a salvação e O aceitamos como nosso Salvador, somos perdoados de todos os nossos pecados, recebemos o Espírito Santo como um dom de Deus e somos selados como Seus filhos.

A Fé do criminoso ao lado de Jesus

Quando Jesus foi pendurado na cruz para lavar os pecados da espécie humana, um dos dois criminosos que estavam ao Seu lado se arrependeu de seus pecados e O aceitou como Salvador, minutos antes de morrer. Como resultado, ele foi selado como um filho de Deus e entrou no Paraíso. Deus chama de "Meus filhinhos" a todos aqueles que nasceram de novo, aceitando Jesus Cristo.

Algumas pessoas podem querer argumentar: "Um criminoso aceitou Jesus como seu Salvador logo antes de morrer. Então, curto o mundo o tanto que eu quiser e depois aceito Jesus como meu Salvador, quando estiver para morrer também. Irei para o céu!" Tal idéia, entretanto, é absolutamente falsa.

Como aquele criminoso foi capaz de aceitar Jesus, que foi ridicularizado por muitas pessoas e morria na cruz? O fato é que ele já tinha pensado que Jesus podia ser o Messias quando ouvia Suas mensagens. Então, quando confessou sua fé em Jesus e O aceitou como seu Salvador quando Ele estava pendurado na cruz bem ao seu lado, recebeu a salvação e ganhou o direito de entrar no Paraíso.

Da mesma forma, todos ganham o direito de se tornar filhos de Deus, quando aceitam Jesus como seu Salvador e recebem o Espírito Santo. Por isso, Deus os chama de "filhinhos". Por exemplo, quando um bebê nasce, os pais o registram e ele se torna um cidadão do país onde nasceu. O mesmo acontece quando o nosso nome é registrado no Livro da Vida: recebemos a cidadania dos céus e somos reconhecidos como filhos de Deus.

Assim sendo, a fé de recém-nascidos e de crianças aprendendo a andar se refere às pessoas que acabaram de aceitar Jesus Cristo, foram perdoadas de seus pecados e se tornaram filhas de Deus, uma vez que seus nomes foram registrados no Livro da Vida, no céu.

2. A Fé de Crianças

As pessoas que nasceram de novo como filhas de Deus, aceitando Jesus Cristo e ganhando vida espiritual, desenvolvem sua fé e chegam, então, ao nível da fé de crianças. Quando um bebê pára de tomar o leite materno ele já é capaz de reconhecer seus pais e distinguir certos elementos, algumas pessoas e coisas ao seu redor.

Contudo, as crianças ainda sabem pouco sobre como as coisas funcionam e devem permanecer sob a proteção de seus pais. Se lhes fosse perguntado se elas sabem quem são seus pais, provavelmente responderiam "sim". No entanto, se a pergunta mudasse para: "Você sabe em qual cidade seus pais nasceram ou sobre sua genealogia?", elas não seriam capazes de responder. Logo, podemos ver que as crianças não conhecem seus pais a fundo, embora possam dizer: "eu conheço minha mãe e meu pai".

Ao receber um brinquedo de seus pais, uma criança pode dizer que se trata de um carro ou de uma boneca, mas não sabe como o carro foi feito ou como a boneca foi comercializada. As crianças sabem de parte das coisas que podem ver com seus olhos, mas não entendem os detalhes que não conseguem enxergar.

Espiritualmente, crianças são aqueles que têm a fé de quando se está começando a conhecer a Deus Pai; elas desfrutam da graça da fé depois que aceitam Jesus Cristo e recebem o Espírito Santo. 1 João 2:14 diz: *"Filhinhos, eu lhes escrevi porque vocês conhecem o Pai."* Aqui, "vocês conhecem o Pai" se refere às pessoas com fé de crianças, que aceitaram Jesus Cristo e aprenderam a Palavra de Deus freqüentando a igreja.

Assim como um bebê não sabe quase nada no início de sua

vida, mas à medida que cresce vai reconhecendo seu pai e sua mãe, os recém-convertidos também começam a entender a vontade e o coração de Deus, gradualmente, enquanto vão à igreja e ouvem a Sua Palavra. No entanto, eles ainda não conseguem obedecer á voz do Pai, por não terem fé suficiente.

Dessa forma, a fé de crianças é a fé das pessoas que, tendo ouvido a Palavra de Deus, conhecem a Verdade, mas algumas vezes desobedecem a Ela. Esse nível de fé ainda não é o perfeito.

Quem chama Deus de "Pai"?

Se alguém não aceitou Jesus Cristo, mas diz: "Eu conheço a Deus", está mentindo. Há ainda aqueles que dizem: "Não vou à igreja, mas conheço a Deus". Eles, provavelmente, leram a Bíblia uma ou duas vezes, costumavam freqüentar uma igreja, ou ouviram falar de Deus aqui e ali. Todavia, será que *realmente* conhecem ao Deus Criador?

Se eles, de fato, conhecem a Deus, devem entender por que Jesus é o único Filho de Deus, por que Deus O enviou a este mundo, e por que Deus colocou a árvore do conhecimento do bem e do mal no Jardim do Éden. Devem saber também da existência do céu e do inferno, e como podem ser salvos e entrar no céu.

Além disso, se eles verdadeiramente entendem tais coisas, não há por que recusar ir à igreja e viver pela Palavra de Deus. No entanto, o que acontece é que eles não vão à igreja ou, muito menos, chamam Deus de "Pai", pois nem acreditam nem conhecem a Deus.

Da mesma forma, algumas pessoas do mundo não acreditam

em Deus e podem dizer que O conhecem; mas não é verdade. Uma vez que não conhecem Jesus Cristo e não vivem de acordo com Sua palavra (João 8:19), não podem reconhecer Deus e nem chamá-Lo de "Pai".

As pessoas chamam Deus de maneiras diferentes

Os crentes, de acordo com a medida de sua fé, chamam o mesmo Deus de maneiras diferentes. Ninguém O chama de "Deus Pai" antes de aceitar Jesus Cristo como Salvador. É, inclusive, bem natural que a pessoa que ainda não aceitou Jesus não chame Deus de "Pai", pois ainda não nasceu de novo.

De que os recém-convertidos chamam Deus? Eles são um pouco tímidos e O chamam simplesmente de "Deus". Não conseguem docilmente chamá-Lo de "Meu Pai", porque se sentem constrangidos ou desfamiliarizados, por não O servirem como seu Pai.

O nome pelo qual os filhos de Deus usam para chamá-Lo muda, à medida que sua fé cresce para o nível de crianças. Eles O chamam de "Pai" quando têm fé de crianças, assim como estas, carinhosamente, chamam seus pais de "Papai". É claro que não está errado chamar Deus simplesmente de "Deus" ou de "Deus Pai", mas quando a fé se desenvolve mais um pouco, o "Deus Pai" é substituído por "Pai" ou "Papai".

Qual dos dois você acha que soaria mais amável e mais íntimo a Deus: referir-se a Ele chamando-O de "Deus" ou de "Pai"? Como Deus deve se alegrar quando dizemos: "Meu Pai" do fundo do nosso coração!

Provérbios 8:17 diz: *"Amo os que me amam, e quem me*

procura me encontra". Quanto mais amarmos a Deus, mais Ele nos amará. Quanto mais O buscarmos, mais facilmente poderemos receber Suas respostas.

Inclusive, como filhos de Deus, viveremos para sempre no céu chamando-O de "Pai". Então começar a chamá-Lo assim nesta vida já é bom para irmos praticando um relacionamento de intimidade com Ele. Logo, devemos cumprir nosso dever como filhos de Deus e mostrar, externar o nosso amor por Ele, obedecendo aos Seus mandamentos.

3. A Fé de Jovens

Da mesma forma que uma criança cresce para se tornar um adolescente mais forte e esperto, a fé de crianças se desenvolve e torna-se a fé de jovens. Ou seja, depois de uma base de infância espiritual na fé, através da oração e da Palavra de Deus, o nível da fé das pessoas cresce e as faz tornar jovens espirituais que podem dizer o que é pecado e qual é a vontade do Pai.

Os jovens são fortes e corajosos

São pouquíssimas as crianças que conhecem bem a lei de um país. Elas devem estar sob o cuidado de seus pais e, se cometerem algum crime, seus pais são os responsáveis, pois não educaram seus filhos adequadamente. As crianças não sabem ao certo o que é o pecado ou a justiça e não conhecem muito bem o coração de seus pais, por ainda estarem passando por um processo de aprendizagem.

Mas, e os adolescentes? Eles são fortes, têm um temperamento difícil e uma grande inclinação para pecar. São ansiosos para ver, aprender e experimentar tudo, com forte tendência a imitar outras pessoas. Tendem a ser curiosos em todos os aspectos, teimosos e confiantes em que não haja nada que eles não possam fazer.

Assim são os jovens espirituais. Cheios do Espírito, eles não buscam pelas coisas desta terra, mas têm esperança pelo céu. Por terem uma fé forte, derrotam o pecado com a Palavra de Deus. Levam vidas triunfantes sob toda e qualquer circunstância, superando o mundo e o mal com uma coragem firme e constante, pois a Palavra se cumpre em seu viver.

Combatendo e vencendo o mal

Como, então, os jovens de forte fé e coragem vencem o mal e o mundo de pecados? Aqueles que aceitam Jesus Cristo ganham o direito de se tornar filhos de Deus e, na Verdade, derrotam o mal triunfantemente. O diabo, embora forte, não ousa fazer nada com os filhos de Deus, como vemos em 1 João 2:13: *"Jovens, eu lhes escrevo porque venceram o Maligno."*

Podemos combater e vencer o mal quando acatamos o que está na Palavra de Deus, pois Ela deve permanecer em nós. Assim como as pessoas não podem cumprir a lei que não conhecem, não podemos viver pela Palavra, se não a conhecemos.

Portanto, precisamos manter a Palavra de Deus em nossos corações e viver através d'Ela nos livrando de todo pecado. Logo, as pessoas com fé de jovens podem combater e derrotar o mundo com a Palavra. Por isso, 1 João 2:14 diz: *"Jovens, eu lhes escrevi,*

*porque vocês são fortes, e em vocês a Palavra de Deus
permanece e vocês venceram o Maligno."*

4. A Fé de Pais

Quando os jovens de espírito firme e forte crescem e se tornam
adultos, eles se tornam capazes de avaliar e entender cada situação
e, depois de muitas experiências, ganham sabedoria para serem
prudentes suficientemente para se humilharem, quando
necessário. As pessoas com fé de pais conhecem detalhadamente a
origem de Deus e entendem a Sua providência, pois têm
profunda fé espiritual.

Quem sabe a origem de Deus?

Os pais são diferentes dos jovens em muitos aspectos. Jovens
são imaturos, pois mesmo tendo aprendido muitas coisas, ainda
lhes faltam experiências. Por isso, existem muitas situações na
vida em que os jovens não entendem, enquanto os pais já
compreendem bem muitos elementos, por terem vivido uma
variedade de coisas diferentes.

Os pais também sabem por que quiseram ter filhos, o quão
difícil é seu sustento e o quão complicado é sua criação. Também
sabem sobre suas famílias: de onde seus pais vieram, como se
conheceram e se casaram, etc.

Há um provérbio coreano que diz: "Só quando temos nossos
próprios filhos é que entendemos verdadeiramente o coração de
nossos pais." Semelhantemente, só as pessoas com fé de pais

podem entender completamente o coração de Deus-Pai. Desses cristãos, 1 João 2:13 fala: *"Pais, eu lhes escrevo porque vocês conhecem aquele que é desde o princípio".*

Além disso, aqueles que possuem fé de pais se tornam exemplo para muitos e abraçam todos os tipos de pessoas, pois são humildes e capazes de permanecer firmes na Verdade.

Se compararmos a fé de pais com a estação da colheita, a fé de jovens pode ser a fruta verde, pois aqueles que a possuem insistem muitas vezes em permanecer com suas teorias e pensamentos.

Contudo, assim como Jesus deu exemplo de servidão ao lavar os pés de Seus discípulos, os pais espirituais, diferentemente dos jovens, produzem frutos maduros de obras e dão glória a Deus através deles.

Como ter o coração de Jesus Cristo

Deus quer que seus filhos possuam o coração de Deus em si, que é desde o princípio, e o de Jesus Cristo, que se humilhou e foi obediente até a morte (Filipenses 2:5-8). É por essa razão que Deus permite que seus filhos passem por provações; porque, através delas, sua fé é desenvolvida e eles recebem esperança e perseverança. É assim que a fé vai para o nível dos pais.

Em Lucas 17 Jesus ensinou aos seus discípulos, através de uma parábola com um servo. Um servo trabalhava em um campo o dia todo e voltava para a sua casa ao anoitecer. Não havia ninguém que lhe pudesse dizer: "Bom trabalho! Agora vá jantar e descansar". Pelo contrário: o servo tinha que preparar o jantar para seu senhor e esperá-lo terminar de comer para então matar sua fome. Além disso, apesar de fazer tudo que seu mestre ordenava, ninguém lhe agradecia dizendo: "Muito obrigado, por trabalhar duro por mim". O servo então disse: "Sou um servo indigno; só faço aquilo que é minha obrigação."

Da mesma forma, devemos ser humildes e obedientes; pessoas que possam dizer: "Sou um servo indigno; apenas fiz meu dever", mesmo depois de termos feito tudo que Deus ordenou que fizéssemos. As pessoas com fé de pais sabem da altura e da profundidade do coração de Deus, que é desde o princípio, e têm também o coração de Jesus Cristo, que se humilhou, se anulou, e foi obediente até a morte. Portanto, Deus reconhece e louva tais pessoas e estas brilharão no céu como o sol.

Assim como um pequeno grão de mostarda cresce e se torna uma grande árvore na qual muitos pássaros encontram lugar para fazer seus ninhos, a fé espiritual cresce da medida de recém-nascido e bebês, que engatinham, para a medida de crianças, depois de jovens e depois de pais. Como estaremos abençoados, quando conhecermos Aquele que é desde o princípio, quando tivermos fé suficiente para entender Sua altura e profundidade, e quando formos capazes de cuidar de muitas almas que vagam pelo mundo, como Jesus fez!

Que você possa ter o coração do Senhor transbordando em generosidade e amor, possuir a fé de pais, dar frutos em abundância e brilhar como o sol no céu, para todo o sempre. Em nome do nosso Senhor, eu oro!

Capítulo 3

A Medida da Fé de Cada Um

*"Por isso, pela graça que me foi dada
digo a todos vocês: Ninguém
tenha de si mesmo um conceito
mais elevado do que deve ter; mas,
ao contrário, tenha um conceito
equilibrado, de acordo com a medida da
fé que Deus lhe concedeu."*

(Romanos 12:3)

Deus nos permite colher, à medida que semeamos e nos recompensa de acordo com o que fizemos, pois Ele é justo. Em Mateus 7:7,8, Jesus diz: *"Peçam, e lhes será dado; busquem, e encontrarão; batam, e a porta lhes será aberta. Pois todo o que pede, recebe; o que busca, encontra; e àquele que bate, a porta será aberta."*

É, através da fé espiritual, e não da carnal, que recebemos bênçãos e respostas. A fé carnal está no ouvir e aprender a Palavra de Deus, enquanto a fé espiritual não depende do nosso querer, já que é só Ele que no-la pode dar.

Romanos 12:3 então nos incentiva: *"...tenha um conceito equilibrado, de acordo com a medida da fé que Deus lhe concedeu"*. A fé espiritual (dada por Deus) de cada um é diferente uma da outra, assim como as casas celestiais e a glória recompensada de cada indivíduo variam de acordo com a medida de sua fé, como podemos ver em 1 Coríntios 15:41: *"Um é o esplendor do sol, outro o da lua e outro o das estrelas; e as estrelas diferem em esplendor umas das outras."*

1. A Medida da Fé Dada por Deus

"Medida" é o peso, volume, quantidade ou tamanho de um objeto. Deus mede a fé de cada indivíduo e responde a eles de acordo com tal medida.

Geralmente, há pessoas (aquelas que possuem grande fé) que recebem respostas só de desejar algo em seus corações; há outras que são respondidas só quando oram fervorosamente e jejuam o dia inteiro; e ainda outras que, por possuírem pouca fé, são respondidas somente depois de meses ou anos de oração. Se pudéssemos receber fé espiritual de acordo com nossos esforços, todos receberíamos as bênçãos e respostas que estávamos buscando, e o mundo se tornaria um lugar extremamente confuso e desordenado de se morar.

Suponhamos que um homem que não vive segundo a Palavra de Deus peça: "Deus, por favor, faça com que eu seja o presidente da melhor empresa do país!" ou "Odeio aquela pessoa, por favor, castigue-a". Como seria o mundo, se tais orações e desejos fossem respondidos?

Fé espiritual e obediência

Como podemos possuir fé espiritual? Deus não dá esse tipo de fé a qualquer um, mas apenas àquelas pessoas que se encontram qualificadas ao obedecer à Sua Palavra. Recebemos fé espiritual suficiente para nos livrarmos de toda inverdade como ódio, disputas, inveja, adultério, e passamos a amar até mesmo os nossos inimigos.

Na Bíblia, Jesus elogiou algumas pessoas dizendo: "Sua fé é grande!" e repreendeu outras dizendo: "Homem de pouca fé!"

Por exemplo, em Mateus 15:21-28, uma mulher cananéia se aproximou de Jesus e Lhe pediu para curar sua filha possuída. Ela clamou: *"Senhor, Filho de Davi, tem misericórdia de mim!*

Minha filha está endemoninhada e está sofrendo muito" (v.22). Contudo, Jesus, desejando testar sua fé, lhe respondeu, *"Eu fui enviado apenas às ovelhas perdidas de Israel"* (v.24). Ela então se ajoelhou diante de Jesus e disse: *"Senhor, ajuda-me!"* (v.25). Mas novamente Jesus se recusou: *"Não é certo tirar o pão dos filhos e lançá-lo aos cachorrinhos"* (v.26). Ele disse isso porque os judeus daquele tempo consideravam os gentios como cães, e aquela mulher era uma gentia da região de Tiro.

Nessa situação, a maioria das pessoas teriam se sentido envergonhadas, ofendidas, ou decepcionadas e facilmente desistido de receber respostas. Todavia, aquela mulher não se desapontou e, humildemente, aceitou a palavra de Jesus. Ela se diminuiu como um cachorro e implorou por Sua graça sem reclamar: *"Sim, Senhor, mas até os cachorrinhos comem das migalhas que caem da mesa dos seus donos"* (v.27). Jesus então agradou profundamente de sua fé e replicou: *"Mulher, grande é a sua fé! Seja conforme você deseja"*, e sua filha foi curada de uma só vez (v.28).

Também vemos Jesus repreendendo Seus discípulos por razão de sua pequena fé. Em Mateus 17:14-20, um homem levou seu filho, que sofria de epilepsia, aos discípulos de Jesus, mas eles não foram capazes de curá-lo. Depois, o homem o levou a Jesus e Ele expulsou um demônio do garoto e o curou. Após aquela cura, os discípulos foram até Ele e Lhe perguntaram: *"Por que não conseguimos expulsá-lo?"* (v.19), e Ele respondeu: *"Porque a fé que vocês têm é pequena..."* (v.20).

Jesus também repreendeu Pedro, em Mateus 14:22-23. Certa noite, Seus discípulos estavam em um barco no oceano, quando Jesus se aproximou deles andando sobre as águas. A primeira reação que tiveram foi de ficarem aterrorizados. Gritaram: *"É um fantasma!"* (v.26), mas Jesus imediatamente lhes disse: *"Coragem! Sou eu. Não tenham medo!"* (v.27).

Pedro então corajosamente respondeu: *"se és tu, manda-me ir ao teu encontro por sobre as águas"* (v.28), e Jesus disse: *"Vem"*, do jeito que Pedro desejava ouvir. Ele saiu do barco, começou a caminhar sobre a água e ir ao encontro de seu Senhor. Entretanto, quando sentiu o vento, teve medo e, enquanto afundava, clamou: *"Senhor, salva-me!"* (v.30). Na mesma hora Jesus o segurou e o repreendeu: *"Homem de pequena fé, por que você duvidou?"* (v.31).

Pedro foi desaprovado por causa de sua pequena fé naquela época, mas depois que recebeu o Espírito Santo e o poder de Deus, operou inúmeros milagres em nome de Jesus Cristo e, com sua grande fé, foi crucificado de cabeça para baixo.

2. Diferente Medida da Fé de Cada Um

São muitas as parábolas na Bíblia que explicam sobre a medida da fé. 1 João 2 a compara com o crescimento de um homem e Ezequiel 47:3-5, com a profundidade das águas:

O homem foi para o lado leste com uma linha de medir na mão e, enquanto ia, mediu quinhentos metros e levou-me pela água, que batia no tornozelo. Ele mediu mais quinhentos metros e levou-me pela água, que chegava ao joelho. Mediu mais quinhentos e levou-me pela água, que batia na cintura. Mediu mais quinhentos,

mas agora era um rio que eu não conseguia atravessar,
porque a água havia aumentado e era tão profunda que
só se podia atravessar a nado; era um rio que não se
podia atravessar andando.

O livro de Ezequiel é um dos Cinco Grandes Livros de Profecias do Antigo Testamento. Deus usou o profeta Ezequiel para registrar profecias quando o Reino de Judá (do Sul) foi destruído pela Babilônia e muitos judeus se tornaram prisioneiros de guerra. A partir de Ezequiel 40, podemos ver inclusive a descrição do templo que ele contemplou em uma visão.

Em Ezequiel 47, o profeta escreve sobre uma visão na qual ele via água saindo debaixo da soleira do templo, indo para o leste. Ela descia de debaixo do lado sul do templo, ao sul do altar e depois fluía para fora, pela porta norte, passava pelo lado de fora até a porta externa que dá para o leste, e depois do lado sul.

"Água" aqui simboliza espiritualmente a Palavra de Deus (João 4:14), e o percurso que ela faz (descrito acima) indica que a Palavra de Deus é pregada não apenas dentro do santuário, mas em todo o mundo.

O que Ezequiel quer dizer com "o homem mediu quinhentos metros", indo para o lado leste com uma linha de medir na mão? Isso se refere à medida que o Senhor faz da fé de cada um na qual embasa o julgamento que fará no Dia do Julgamento.

"O homem com uma linha de medir em sua mão" diz respeito ao servo do Senhor, "ter uma linha" significa que o Senhor mede, sem erros, a fé de cada pessoa. Portanto, a mudança da profundidade da água é uma metáfora sobre os vários níveis de fé.

De acordo com a profundidade da água

"A água que bate no tornozelo" indica a fé de recém-nascidos ou crianças espirituais que estão aprendendo a andar – é a medida da fé que nos capacita a receber a salvação. Quando a medida da fé é comparada à altura de um homem, esse nível se equipara à altura de seu tornozelo. Depois, vemos a "água que bate no joelho", que se refere à fé de crianças; a "água que bate na cintura", à fé de jovens; e "a água de se atravessar a nado", à fé de pais.

No dia do Julgamento, a fé de cada indivíduo será medida e a habitação celestial de cada um será determinada pelo Senhor, segundo o quanto cada pessoa viveu de acordo com a Palavra de Deus.

"Medir quinhentos metros" indica o grande coração de Deus, a sua profundidade que leva tudo em conta, e a precisão de Sua medida. Deus mede a fé de cada um não apenas de uma perspectiva, mas a partir de todos os ângulos. Ele encontra toda obra que fizemos e vasculha o centro do nosso coração de forma perfeitamente precisa, para que ninguém possa se sentir injustiçado.

Dessa forma, Deus examina tudo com Seus olhos de fogo e faz cada indivíduo colher o que plantar, recompensando-os de acordo com o que fazem. É por essa razão que Romanos 12:3 diz: *"Por isso, pela graça que me foi dada digo a todos vocês: Ninguém tenha de si mesmo um conceito mais elevado do que deve ter; mas, ao contrário, tenha um conceito equilibrado, de acordo com a medida da fé que Deus lhe concedeu".*

Pense de forma sábia segundo a medida de sua fé

Caminhar em águas que batem no tornozelo é bem diferente de caminhar naquelas que batem na cintura. Quando estamos nas que batem logo acima do pé, como não tem como nadar, podemos pensar em correr. Contudo, quando estamos nas que batem nos lombos, certamente preferimos nadar a caminhar.

Assim, da mesma forma como o pensamento de um ser humano muda de acordo com a água em que ele se encontra, aqueles cuja fé é de crianças pensam de maneira diferente daqueles com fé de pais.

Abraão havia recebido Isaque como o filho da promessa, depois que Deus contemplou sua fé. Até que um dia, Deus ordenou a Abraão que o oferecesse como sacrifício. O que Abraão pensou sobre essa ordem de Deus? Ele nunca se angustiou pensando: 'Por que Deus me ordenou que oferecesse Isaque como sacrifício, uma vez que foi Ele mesmo que me deu este filho da promessa? Estará Ele quebrando Sua promessa?'

Hebreus 11 nos lembra que Abraão pensou sabiamente sobre aquela ordem de Deus: 'Ele nunca mente, então Ele ressuscitará meu filho dos mortos.' Abraão não teve um conceito de si maior do que ele era, mas se viu de acordo com a medida da fé que Deus lhe tinha dado.

Abraão não reclamou nem murmurou, mas obedeceu a Deus com humildade de coração. Como resultado, foi aprovado, agradou grandemente a Deus e se tornou o patriarca da fé.

Devemos entender que foi através de uma provação difícil e severa que Abraão recebeu a afirmativa de que tinha fé espiritual e levou uma vida no caminho de bênçãos. Podemos receber o amor e as bênçãos de Deus quando passamos sabiamente por provações de fogo, de acordo com a medida da nossa fé.

3. A Medida da Fé Provada pelo Fogo

1 Coríntios 3:12-15 nos diz que Deus prova a fé de cada indivíduo com fogo e depois mede a obra que permanece:

> *Se alguém constrói sobre esse alicerce usando ouro, prata, pedras preciosas, madeira, feno ou palha, sua obra será mostrada, porque o Dia a trará à luz; pois será revelada pelo fogo, que provará a qualidade da obra de cada um. Se o que alguém construiu permanecer, esse receberá recompensa. Se o que alguém construiu se queimar, esse sofrerá prejuízo; contudo, será salvo como alguém que escapa através do fogo.*

O "alicerce" aqui se refere a Jesus Cristo, e a "obra" indica o que é feito com esforço de todo o coração. Se alguém crê em Jesus Cristo, sua obra será revelada pelo que é, "porque o Dia a trará à luz".

Quando a obra é revelada?

Em primeiro lugar, a obra de cada pessoa será revelada quando seu dever acabar. Se seu dever é dado anualmente, sua obra será revelada no final de cada ano.

Em segundo lugar, Deus testa a obra de cada indivíduo quando este passa por uma provação de fogo. Algumas pessoas ficam em constante paz, mesmo quando enfrentam provações e problemas difíceis, enquanto outras não conseguem descansar em Deus e se aquietar.

Finalmente, Deus prova a obra de cada um no Dia do Julgamento que virá após a segunda vinda de Jesus Cristo. Ele medirá a santidade e a fidelidade de cada pessoa e lhe dará uma habitação celestial como recompensa.

A obra permanece depois da prova de fogo

Novamente, 1 Coríntios 3:12,13 nos lembra: *"Se alguém constrói sobre esse alicerce usando ouro, prata, pedras preciosas, madeira, feno ou palha, sua obra será mostrada, porque o Dia a trará à luz; pois será revelada pelo fogo, que provará a qualidade da obra de cada um"*.

Quando Deus prova a obra de cada um com fogo, seu nível de qualidade é dividido em ouro, prata, pedras preciosas, madeira, feno e palha. Depois do teste de Deus, as pessoas com todos esses tipos de fé, com exceção daquelas com fé de palha, recebem a salvação.

As pessoas com fé de palha não podem ser salvas porque simplesmente estão mortas em espírito. Já aquelas com fé de ouro, prata ou pedras preciosas podem suportar provações de fogo, assim como tais materiais suportam no mundo natural. As pessoas que possuem fé de madeira ou de feno, dificilmente prevalecem ao passarem pelo fogo.

Características do ouro, prata e pedras preciosas

O ouro se caracteriza por ser maleável, dúctil, amarelo e metálico e é usado principalmente na fabricação de moedas, jóias, acessórios e artes. Seu lindo brilho é independente do tempo, pois não há reação química entre o ouro e outras substâncias.

Dadas essas características, há muito tempo, o ouro é considerado o mais precioso dos metais. É estável, extremamente útil para vários propósitos e flexível o bastante para ser moldado como se desejar.

A prata é também muito utilizada na fabricação de moedas, acessórios e para objetivos industriais. É o segundo melhor metal em maleabilidade e ductilidade, além de ser bom condutor de calor. É mais clara que o ouro e perde para ele em termos de brilho e beleza.

As pedras preciosas como diamantes, safiras, ou esmeraldas emanam brilho e cores maravilhosas, mas não podem ser usadas para vários propósitos. Além do mais, é importante observamos também que elas perdem seu valor (às vezes quase que por completo), quando quebradas ou arranhadas.

Portanto, Deus mede a fé de cada pessoa comparando-a ao ouro, prata, pedras preciosas, madeira, feno ou palha, de acordo com as obras que permanecem, depois de passarem por provações de fogo; e considera a fé de ouro como a de mais estimado valor.

Possuamos a fé de ouro

As pessoas com a fé de ouro não são abaladas quando passam por provações de fogo; e aquelas com a fé de prata não são tão fortes como as com fé de ouro, mas também são superiores, comparadas às pessoas com outros tipos de fé. Estas, por sua vez, (que possuem fé de madeira ou feno, cuja obra é queimada pelo teste de fogo de Deus), quase que, muitas vezes, nem recebem a salvação e, quando recebem, não têm recompensas. Deus recompensa todos de acordo com suas obras, pois Ele é justo. Assim sendo, Ele aceita as pessoas de fé constante como o ouro e as recompensa tanto no céu como na Terra.

O apóstolo Paulo, que se dedicou aos gentios, apesar de ter enfrentado inúmeras provações e situações difíceis desde o momento em que encontrou o Senhor, pregou o evangelho com um coração constante e correu a corrida da fé.

Atos 16:25 nos diz o seguinte: *"Por volta da meia-noite, Paulo e Silas estavam orando e cantando hinos a Deus; os outros presos os ouviam"*. Por pregarem o evangelho, Paulo e Silas haviam sido brutalmente agredidos e presos com seus pés no tronco, mas o que eles fizeram foi cantar louvores a Deus em oração, sem nenhuma reclamação.

Paulo nunca negou o Senhor nem pronunciou uma palavra sequer de reclamação. Sempre foi alegre e grato a Ele, com o coração sempre cheio de esperança pelo céu. Foi fiel à obra de Deus, a ponto de abrir mão da sua própria vida.

Se tivermos a fé de ouro do apóstolo Paulo, habitaremos em um lugar glorioso que brilha como o sol e receberemos o grande amor de Deus, pois nossas obras não poderão se transformar em cinzas.

A fé de pedras preciosas

As pessoas com fé de prata cumprem seus deveres como lhes foi ordenado, mesmo tendo uma fé menor que a de ouro. Mas, e a fé de pedras preciosas? Como ela se caracteriza?

As pessoas com fé de pedras preciosas geralmente dizem: "Eu serei fiel ao Senhor! Pregarei o evangelho de todo o meu coração", depois de serem curadas de alguma doença ou cheias do Espírito Santo. Quando suas orações são respondidas, elas dizem: "A partir de hoje, viverei apenas para Deus". Elas parecem possuir fé de ouro por fora, mas cometem erros ou viram pó em provações de fogo. Parecem ter uma fé enorme quando são cheias do Espírito Santo, mas, muitas vezes, se viram contra o caminho da fé e acabam tendo seus corações estilhaçados como se não tivessem fé alguma.

Em outras palavras, a fé de pedras preciosas parece linda só em alguns momentos. Ainda assim, sua obra permanece depois de provada pelo fogo, da mesma maneira como a forma de jóias e pedras preciosas são preservadas, quando estão entre chamas.

A obra da fé de madeira e feno, entretanto, é queimada completamente depois de provações de fogo. 1 Coríntios 3:14,15 nos diz: *"Se o que alguém construiu permanecer, esse receberá recompensa. Se o que alguém construiu, se queimar, esse sofrerá prejuízo; contudo, será salvo como alguém que escapa através do fogo".*

Portanto, as pessoas cuja fé é como o ouro, prata ou pedras precisas são salvas e recompensadas no céu, a partir do que permanece de suas obras; e aquelas, cuja fé é como a madeira ou feno, têm suas obras reduzidas a completas cinzas, ao passarem pelas chamas de um teste. Tais indivíduos, muitas vezes, não são salvos e, quando são, não recebem recompensas de Deus.

Deus aceita a nossa fé com alegria e nos recompensa abundantemente, quando O buscamos intensamente. Hebreus 11:6 fala que: *"Sem fé é impossível agradar a Deus, pois quem dele se aproxima precisa crer que ele existe e que recompensa aqueles que O buscam."*

Ele mede a fé de cada um através da prova do fogo e dá bênçãos na terra e recompensas no céu a qualquer um que tenha uma fé constante como o ouro.

Dessa forma, devemos entender que há variadas respostas e bênçãos de Deus, assim como há diferentes lugares celestiais para se morar e coroas para se colocar – tudo variando de acordo com a medida da fé de cada indivíduo.

Que você possa fazer o máximo para possuir a fé de ouro, que agrada a Deus e, então, desfrutar de Suas bênçãos em todos os seus caminhos nesta terra e habitar em uma gloriosa habitação celestial, reluzente como o sol, em nome do Senhor, eu oro!

Capítulo 4

Fé para Receber a Salvação

"*Pedro respondeu:*
'Arrependam-se, e cada um de vocês
seja batizado em nome de Jesus Cristo
para perdão dos seus pecados, e
receberão o dom do Espírito Santo. Pois
a promessa é para vocês, para os seus
filhos e para todos os que estão longe,
para todos quantos o Senhor,
o nosso Deus, chamar'".
(*Atos 2:38,39*)

No capítulo anterior, pudemos ver que Deus aceita a fé espiritual acompanhada de obras; que cada indivíduo tem uma medida de fé diferente, e que esta amadurece, segundo nossa obediência a Ele.

A medida da fé é, pois, caracterizada em cinco níveis: a fé de ouro, prata, pedras preciosas, madeira e feno. Assim como, ao subirmos uma escada, pisamos em um degrau de cada vez,

a nossa fé também vai subindo de níveis (da palha ao ouro), à medida em que ouvimos a Palavra de Deus e obedecemos a Ela.

É, inclusive, somente através da fé, que podemos entrar no céu, mas, a fim de conquistarmos o reino dos céus, devemos aumentá-la passo a passo. À medida que adquirimos a fé de ouro, a imagem de Deus em nós vai sendo restaurada, somos aprovados e favorecidos por Ele e, no fim, ainda alcançaremos a Nova Jerusalém onde Ele está assentado sobre o trono. Se temos a fé de ouro, Deus agrada e caminha conosco, responde aos desejos do nosso coração e nos abençoa, de modo que possamos operar sinais de milagres.

Desse modo, espero que você possa medir sua fé e lutar para que ela atinja o nível da perfeição.

1. O Primeiro Nível da Fé

Antes de termos aceitado Jesus, éramos crianças do diabo e iríamos para o inferno por causa da nossa vida de pecado. Sobre isso, 1 João 3:8 diz: *"Aquele que pratica o pecado é do Diabo, porque o Diabo vem pecando desde o princípio. Para isso, o Filho de Deus se manifestou: para destruir as obras do Diabo"*.

Sendo bons ou maus, de qualquer maneira nos encontramos vivendo em escuridão porque a maldade escondida, que há em nós, será revelada quando a luz da verdade perfeita de Deus brilhar em nossas vidas.

Certa vez cheguei a pensar que eu era uma pessoa tão nobre e boa que poderia viver sem lei. No entanto, quando aceitei o Senhor e vi minha imagem refletida no espelho da Palavra da Verdade, descobri o quão mau eu era. O modo como agia, falava, ouvia e pensava era contra a Palavra de Deus.

Deus elogiou a Jó em Jó 1:8: *"...Não há ninguém na terra como ele, irrepreensível, íntegro, homem que teme a Deus e evita o mal"* e, ainda assim, esse mesmo Jó sofreu grandes provações.

Jó disse: *"Até agora me queixo com amargura; a mão dele é pesada, a despeito de meu gemido"* (Jó 23:2), e *"Pelo Deus vivo, que me negou justiça, pelo Todo-poderoso, que deu amargura à minha alma"* (Jó 27:2).

Ele expôs sua maldade em provações difíceis e ameaçadoras da vida, mesmo tendo sido elogiado como um "irrepreesível e íntegro homem". Pois quem então ousaria dizer ser sem pecados, sob a visão de Deus, quem é a própria luz?

Na visão de Deus, todos os vestígios de pecado em nosso coração como o ódio ou a inveja, assim como obras pecaminosas como agressões, brigas, ou roubos são todos considerados pecados. Sobre isso, Ele explicitamente diz em 1 João 1:8: *"Se afirmarmos que estamos sem pecado, enganamos a nós mesmos, e a verdade não está em nós"*.

Aceitando Jesus Cristo

O Deus de amor enviou o seu único Filho Jesus à terra para nos redimir dos nossos pecados. Foi por nós que Jesus foi crucificado e derramou seu precioso sangue puro e imaculado. Ele foi penalizado pelos nossos pecados. Porém, no terceiro dia, depois de quebrar o poder da morte, Ele levantou dos mortos. Quarenta dias após Sua ressurreição, Jesus subiu aos céus diante dos olhos de seus discípulos, prometendo que retornaria e nos levaria para o céu (Atos 1).

Recebemos o Espírito Santo como um dom e somos selados como filhos de Deus, quando acreditamos no caminho da salvação e aceitamos Jesus Cristo como Salvador em nosso coração, como está escrito em João 1:12: *"Contudo, aos que o receberam, aos que creram em seu nome, deu-lhes o direito de se tornarem filhos de Deus,..."*.

O direito de se tornar um filho de Deus

Imaginemos que um bebê acaba de nascer. Seus pais espalham a notícia por toda a cidade e registram o nome daquela criança no cartório. Da mesma forma, quando nascemos de novo como filhos de Deus, nosso nome é registrado no Livro da Vida e recebemos cidanania celestial.

Quando estamos no primeiro nível da fé, tornamo-nos filhos de Deus, aceitando Jesus Cristo e sendo perdoados dos nossos pecados (1 João 2:12). Chamamos Deus de "Pai" (Gálatas 4:6). Também nos alegramos com o fato de termos recebido o Espírito Santo, embora não conheçamos a Palavra da Verdade de Deus. Ao ver as coisas ao nosso redor, podemos sentir a existência de Deus.

Assim sendo, o primeiro nível da fé é chamado de "fé para receber a salvação" ou "fé para receber o Espírito Santo", e equivale à fé de recém-nascidos/crianças aprendendo a andar, ou ao feno, como descrito antes.

2. Você Recebeu o Espírito Santo?

Em Atos 19:1,2, Paulo, um apóstolo de gentios, que se dedicou à pregação do evangelho, encontrou-se com alguns discípulos e lhes perguntou: *"Vocês receberam o Espírito Santo quando creram?"* Eles responderam: *"Não, nem sequer ouvimos que existe o Espírito Santo"*. Eles haviam recebido o batismo das águas, pelo arrependimento, que João Batista dava, mas não o do Espírito Santo, como um dom de Deus.

Em Joel 2:28 e Atos 2:17 vemos que Deus fez a promessa de que derramaria Seu Espírito sobre todas as pessoas nos últimos dias. Essa promessa foi cumprida e, aqueles que receberam o Espírito de Deus, o Espírito Santo, estabeleceram a igreja. Contudo, assim como os discípulos em Éfesos, há muitas pessoas que dizem acreditar em Deus, mas vivem sem saber sobre Seu Espírito e sem o Seu batismo.

Se você recebeu o direito de ser filho de Deus, aceitando Jesus Cristo, Ele lhe dá o Espírito Santo como um dom, a fim de garantir tal direito. Portanto, se você não conhece o Espírito Santo, não pode ser chamado ou considerado filho de Deus. 2 Coríntios 1:21,22 diz: *"Ora, é Deus que faz com que nós e vocês permaneçamos firmes em Cristo. Ele nos ungiu, nos selou como sua propriedade e pôs o seu Espírito em nossos corações, como garantia do que está por vir."*

Recebendo o Espírito Santo

Atos 2:38,39 explica em detalhes como podemos receber o Espírito Santo: *"Arrependam-se, e cada um de vocês seja batizado em nome de Jesus Cristo para perdão dos seus pecados, e receberão o dom do Espírito Santo. Pois a promessa é para vocês, para os seus filhos e para todos os que estão longe, para todos quantos o Senhor, o nosso Deus, chamar"*.

Qualquer um é perdoado e recebe o dom do Espírito Santo se confessar seus pecados, se arrepender humildemente e crer que Jesus Cristo é seu Salvador.

Por exemplo, em Atos 10 há um homem gentil chamado Cornélio de Cesaréia. Certo dia, o apóstolo Pedro foi à sua casa e pregou o evangelho de Jesus Cristo a ele e sua família. Enquanto pregava, o Espírito Santo foi sobre eles e eles então começaram a falar em línguas.

As pessoas que recebem o Espírito Santo, aceitando Jesus Cristo como seu Salvador, se encontram no primeiro nível da fé.

Poderíamos dizer que há, inclusive, um grande risco de, muitas vezes, não serem salvas, pois ainda não saíram de uma vida de pecados, lutando contra eles, nem cumpriram os deveres de Deus ou deram glórias ao Pai.

O criminoso que estava na cruz ao lado de Jesus O aceitou como seu Salvador pessoal e a medida de sua fé era a do primeiro nível.

3. A Fé do Criminoso que se Arrependeu

Lucas 23 diz que havia dois criminosos crucificados ao lado da cruz de Jesus. Enquanto um deles ridicularizou Jesus, o outro repreendeu o primeiro e aceitou Jesus como Salvador, arrependendo-se de seus pecados. Ele disse: *"Jesus, lembra-te de mim quando entrares no teu Reino"* (v. 42). E Jesus lhe respondeu: *"Eu lhe garanto: Hoje você estará comigo no paraíso"* (v. 43).

O "Paraíso" que Jesus prometeu àquele criminoso está nos arredores do céu. Lá, as pessoas do primeiro nível de fé entrarão e viverão para sempre. As almas salvas no paraíso não recebem nenhuma recompensa. O criminoso confessou seus pecados, seguindo sua boa consciência e foi perdoado, aceitando Jesus Cristo como seu Salvador.

Entretanto, ele não fez nada pelo Senhor durante sua vida na terra. É por isso que recebeu a promessa do paraíso, onde não há recompensa. Se as pessoas não fizerem sua fé crescer e passar o tamanho do grão de mostarda, mesmo depois de receberem o Espírito Santo, aceitando Jesus Cristo, serão apenas salvas e viverão eternamente no paraíso, sem nenhum galardão.

É importante também que não pensemos que somente recém-convertidos se encontram no primeiro nível da fé. Mesmo se tivermos vivido uma vida cristã por muito tempo e servirmos na igreja como anciãos ou diáconos, receberemos salvação vergonhosa, se nossa obra for queimada e virar cinzas ao passar pelo fogo.

Desse modo, devemos orar e fazer o máximo para vivermos segundo a Palavra de Deus depois que recebermos o Espírito Santo. Se não o fizermos e, pelo contrário, continuarmos a pecar, nosso nome será apagado do Livro da Vida e não poderemos entrar no céu.

4. Não Resista ao Espírito Santo

Há algumas pessoas que já foram fiéis a Deus em sua vida, mas gradualmente foram ficando mornas na fé por uma variedade de razões, e hoje, mal podem receber a salvação.

Um homem, que era um ancião, servia fielmente a Deus em minha igreja, o que fazia parecer que sua fé era grande por fora. No entanto, certo dia, ele ficou seriamente enfermo. Não podia nem falar e veio receber minha oração.

Ao invés de orar pela cura, orei pela sua salvação. Naquele momento sua alma estava sofrendo muito por causa do medo da luta, entre os anjos tentando levá-lo para o céu e, os espírito maus, para o inferno. Se possuísse fé suficiente para ser salvo, os espíritos maus não viriam para levá-lo. Imediatamente orei expulsando os demônios e orei a Deus pedindo que recebesse aquele homem.

Logo depois da oração ele ganhou conforto e se derramou em lágrimas. Arrependeu-se minutos antes de morrer e foi salvo por pouco.

Um mesmo homem havia se tornado saudável depois de receber minha oração no passado, teve sua esposa resgatada da beira da morte e sua família restaurada. Desde então, ele amadureceu, tornando-se um obreiro fiel a Deus através de seu empenho e foi também fiel em seus deveres.

No entanto, quando a igreja enfrentou uma provação, ele não tentou defendê-la ou protegê-la, mas permitiu que pensamentos de Satanás entrassem em sua mente. As palavras que saíram de sua boca construíram uma imensa muralha de pecados entre ele e Deus. Eventualmente, não podia mais estar sob a proteção do Pai e foi acometido de uma séria doença.

Como obreiro de Deus, ele não deveria ter visto ou ouvido nada que fosse contra a verdade ou a vontade de Deus, mas o que ele fez foi ouvir tais coisas e espalhá-las. Deus estava de mãos estendidas, mas aquele homem, que, inclusive, já havia sido curado de uma séria doença, virou as costas para o Pai, e afastou de Sua graça. Sua fé retrocedeu e ele chegou ao ponto de até mesmo duvidar da salvação.

Felizmente, Deus considerou os serviços prestados à igreja no passado e ele pôde receber a salvação vergonhosa, depois que o Pai lhe deu a graça de se arrepender do que tinha feito.

Portanto, devemos observar que, para Deus, é mais importante que tenhamos atitudes do fundo dos nossos corações a Seu respeito e ajamos segundo a Sua vontade, e não pelo número anos da nossa fé. Se formos à igreja regularmente, mas construirmos um muro de pecados entre nós e Deus, desobedecendo à Sua Palavra, o Espírito Santo desaparece, perdemos a fé que é do tamanho de um grão de mostarda (1 Tessalonicenses 5:19) e não recebemos a salvação.

Em Hebreus 10:38 Deus disse: *"...mas o justo viverá pela fé. E, se retroceder, não me agradarei dele"*. Como seremos miseráveis se crescermos em fé por anos e anos para depois voltarmos para o mundo! Devemos estar sempre em alerta para não sermos tentados ou experimentar a retrocedência da fé.

5. Adão Foi Salvo?

Muitas pessoas se perguntam o que aconteceu com Adão e Eva depois que comeram o fruto da árvore do conhecimento do bem e do mal. Poderiam eles ter sido salvos, depois de amaldiçoados e expulsos do Jardim do Éden por causa de sua desobediência?

Vamos então observar mais em detalhes o processo no qual o primeiro homem, Adão, desobedeceu à ordem de Deus. Depois que Deus criou os céus e a terra, Ele formou o homem do pó da terra, segundo Sua imagem e semelhança. Quando soprou o fôlego da vida sobre o

homem, este tornou-se um ser vivo. Então, Ele fez o Jardim do Éden no leste de Éden, em um lugar separado e o colocou ali.

No Jardim do Éden, onde tudo era mais bonito e abundante que em qualquer outro lugar, Adão não tinha nenhuma necessidade e desfrutava da bênção da vida eterna e do direito de administrar todas as coisas. Além disso, Deus ainda lhe tinha dado uma ajudadora e abençoou a ambos para serem férteis e encherem a terra. Dessa forma, podemos ver que Deus abençoou o primeiro homem, para viver no melhor ambiente e sem nenhuma necessidade.

No entanto, Deus tinha proibido de fazerem uma coisa. Ele disse: *"...mas não coma da árvore do conhecimento do bem e do mal, porque, no dia em que dela comer, certamente você morrerá"* (Gênesis 2:17). Isso indica a marca da soberania absoluta de Deus e mostra que Ele havia estabelecido uma ordem entre Ele e a espécie humana.

Depois de muitos anos, Adão e Eva negligenciaram a ordem de Deus e comeram o fruto da árvore, caindo na tentação da serpente. Eles pecaram e a conseqüência foi a morte de seus espíritos, o que os fez tornar carnais e pecadores.

Tiveram de ser expulsos do Jardim do Éden e viver na terra no meio de todos os tipos de sofrimentos como doenças, lágrimas, tristeza e dor, e morrer quando seu fôlego de vida terminasse, como Deus disse: *"Certamente morrerão"*.

Mas, Adão e Eva receberam salvação e foram para o céu? Eles desobedeceram à ordem de Deus e pecaram contra Ele. Por isso, alguns dizem: "Não foram salvos porque pecaram, fizeram com que todas as coisas fossem amaldiçoadas e com que todos os seus descendentes sofressem." Contudo, o Deus de amor abriu o caminho da salvação para eles também. Seus corações permaneceram limpos e gentis diante de Deus, mesmo depois de terem pecado; o que é totalmente oposto ao coração das pessoas dos dias de hoje, que é manchado com todos os tipos de pecado e mal.

Como conseqüência de seu pecado, Adão passou a ter de comer do suor do seu rosto, o que é muito diferente do modo como vivia no Jardim e Eva teve de sofrer mais ao dar à luz. Além disso, ambos testemunharam um de seus filhos assassinar o outro. Através daqueles sofrimentos e experiências, Adão e Eva começaram a perceber como as bênçãos que tinham recebido eram preciosas e como desfrutavam do Jardim do Éden com abundância. Haviam perdido a chance de viver sob o amor e a proteção de Deus. Viram que tudo que tinham desfrutado no Jardim eram bênçãos de Deus e se arrependeram profundamente de sua desobediência à Sua ordem.

Como poderia o Deus de amor, que perdoa até mesmo um assassino quando este se arrepende verdadeiramente, não receber o arrependimento de Adão e Eva? Além do mais, eles foram criados pelas mãos do próprio Deus e se desenvolveram sob Sua graça e cuidado durante muito tempo. Como poderia Deus mandá-los para o inferno?

Deus aceitou o arrependimento deles e os guiou para o caminho da salvação em Seu amor. Claro que foram salvos e nada além disso, ou seja, alcançaram apenas o Paraíso. Isso porque rejeitaram o amor de Deus, embora Ele os amasse muito. Sua desobediência não foi algo trivial, pois trouxe grande dor ao coração de Deus e morte e dor a inúmeras gerações que lhes sucederam.

Imaginemos um bebê que não cresce à medida que o tempo passa. Se ele tivesse crescido, seus pais ficariam satisfeitos; mas, como apesar de comer bem, não cresce, a ansiedade e preocupação de seus pais aumentam a cada dia.

Da mesma maneira, uma vez que recebemos o Espírito Santo e possuímos a fé que é pequena como um grão de mostarda, devemos lutar para melhorar nossa fé, aprendendo e obedecendo à Palavra de Deus. Só então seremos capazes de receber o que quer que pedirmos a Deus, em nome do Senhor, dar glórias a Ele e avançar em direção ao Seu reino.

Que você não possa ficar totalmente satisfeito com o fato de que você é salvo e tem o Espírito Santo, mas que possa lutar para aumentar cada vez mais a medida da sua fé e desfrutar das bênçãos de Deus, como seus amados filhos, em nome do nosso Senhor, eu oro!

Capítulo 5

Fé para Tentar Viver Pela Palavra

~

"Assim, encontro esta lei que atua em mim:
Quando quero fazer o bem,
o mal está junto a mim.
No íntimo do meu ser
tenho prazer na Lei de Deus;
mas vejo outra lei atuando nos
membros do meu corpo,
guerreando contra a lei da minha
mente, tornando-me
prisioneiro da lei do pecado
que atua em meus membros.
Miserável homem que eu sou!
Quem me libertará do corpo
sujeito a esta morte? Graças a
Deus por Jesus Cristo, nosso
Senhor! De modo que, com a mente,
eu próprio sou escravo da Lei de Deus;
mas, com a carne, da lei do pecado."
(Romanos 7:21-25).

~

À medida em que embarcamos na vida em Cristo e recebemos o Espírito Santo, tornamo-nos mais ardentes e fervorosos na fé e somos cheios da alegria da salvação. Fazemos de tudo para obedecer à Palavra de Deus, quando passamos a conhecê-Lo e a saber a respeito do céu. O Espírito Santo nos ajuda a entender e a seguir a Verdade. Quando, porventura desobedecemos a Ela, sentimo-nos tristes porque Ele geme dentro de nós e então percebemos de qual pecado se trata.

Dessa maneira, mesmo que, a princípio, tenhamos somente a fé que nos capacita para uma salvação natural, à medida em que ela cresce, nós passamos a tentar cada vez mais viver pela Palavra de Deus. Examinemos, pois, em detalhes, como podemos levar uma vida de fé nesse nível.

1. O Segundo Nível da Fé

Quando somos salvos, crendo em Jesus Cristo e estamos no primeiro nível da fé, podemos cometer pecados sem saber, pois o nosso conhecimento a respeito da Palavra de Deus é limitado. É a mesma coisa que acontece com um bebê que não se sente envergonhado por estar nu.

Mas quando ouvimos a Palavra de Deus e sentimos espiritualmente a vida que há Nela, desejamos ansiosamente ouvir a Palavra e orar a Deus. À medida em que vemos obreiros fiéis na igreja, também desejamos levar uma vida fiel em Cristo.

Conseqüentemente e gradativamente, deixamos então para trás os modos mundanos de viver, freqüentamos a igreja e lutamos para ouvir a Palavra de Deus. Antes, curtíamos amizades do mundo, mas agora o que queremos é seguir os ensinamentos e amizades espirituais, porque o nosso coração busca o Espírito.

No segundo nível da fé, aprendemos como levar uma boa vida cristã como filhos de Deus, através da mensagem do pregador e de testemunhos de outros irmãos e irmãs em Cristo.

Naturalmente, aprendemos a viver como Cristãos. Mantemos santo o Dia do Senhor e trazemos os dízimos à casa de Deus. Aprendemos a amar o próximo como a nós mesmos e a amar até os nossos inimigos. Também aprendemos que devemos nos livrar de todo tipo de sentimento como o ódio, a inveja, o julgamento, a calúnia; assim como ter o coração do Senhor como exemplo. É nesse ponto que decidimos viver pela Palavra.

2. A Fase Mais Difícil da Vida pela Fé

Como dito anteriormente, esta é a fase em que fazemos todo o esforço para obedecer à Palavra e conhecermos a Verdade. Ao mesmo tempo, entretanto, sentimo-nos incomodados porque não é fácil viver sempre pela Palavra. Nossas obras parecem estar em conflito com nossas vontades.

Em muitos casos, não podemos viver pela Palavra porque a força espiritual necessária para seguir a Deus ainda não nos foi dada. Algumas pessoas podem até suspirar e lamentar dizendo:

"Queria que não tivesse conhecido a igreja."

Deixe-me esclarecer isso com um exemplo: suponha que você queira manter o Dia do Senhor santo todos os domingos. Algumas vezes você pode falhar por causa de algumas reuniões sociais ou outros compromissos. Algumas vezes, você vai ao culto de domingo de manhã, mas falta ao da noite. Outras vezes, você vai à casa ou ao casamento de um parente e deixa de ir ao culto de domingo...

Você também sabe que deve dar os dízimos a Deus, mas, algumas vezes, não obedece a esse mandamento. Outras vezes, você se encontra cheio de ódio por alguém, apesar de tentar não odiar. A lascívia ao ver um membro do sexo oposto é devido àquele elemento de pecado e maldade que ainda resta em seu coração (Mateus 5:28)

Quando estamos no segundo nível da fé, tentamos fazer de tudo para obedecer à Palavra de Deus mesmo quando a força necessária para obedecer a Ela não nos tenha sido dada. No entanto, fazemos todos os esforços para lançar fora nossas pecados como: julgar os outros, invejar, ter ciúmes, adulterar entre outras coisas que não agradam a Deus.

Nem sempre obecendo à Palavra

Em Romanos 7:21-23, o apóstolo Paulo discute detalhadamente a razão pela qual o segundo nível da fé é a fase mais difícil da vida cristã:

Assim, encontro esta lei que atua em mim: Quando quero fazer o bem, o mal está junto a mim. No íntimo do

meu ser tenho prazer na Lei de Deus; mas vejo outra lei
atuando nos membros do meu corpo, guerreando contra
a lei da minha mente, tornando-me prisioneiro da lei do
pecado que atua em meus membros.

Existem cristãos que se sentem angustiados por conhecerem a
Palavra e não obedecerem aos mandamentos de Deus. É dever
dos líderes espirituais guiá-los sabiamente pelo caminho da
Verdade.

Digamos que um homem, por exemplo, não consegue parar
de fumar e beber. Se nós o repreendermos dizendo: "Se você
continuar fumando e bebendo, Deus vai ficar bravo com você".
Este homem irá hesitar em ir à igreja e poderá até abandonar os
caminhos de Deus. Seria melhor se o incentivássemos, dizendo-
lhe: "Você conseguirá facilmente parar de beber e fumar, porque
Deus vai ajudá-lo. Se sua fé crescer, será fácil vencer o vício. Então,
por favor, ore continuamente com fé em Deus." Nesse caso, não
devemos fazer a pessoa ir a Deus com um sentimento de culpa ou
medo de punição. Ao invés disso, devemos ajudá-la a buscar a Ele
com alegria e ações de graça, com o sentimento e certeza do amor
de Deus.

Imaginemos um outro exemplo: um homem que só vai à igreja
aos domingos de manhã e abre sua loja à tarde. O que diríamos a
ele? Seria melhor guiá-lo e admoestá-lo de leve dizendo-lhe:
"Deus agrada quando você mantém o Dia do Senhor por
completo. Se mantiver o Dia do Senhor santo e orar pedindo
Suas bênçãos, verá, com certeza, que Deus irá abençoá-lo com
muito mais abundância, em relação ao que você ganha, quando
abre a loja no domingo."

No entanto, não significa que está tudo bem se alguém ficar com a medida de sua fé estagnada, sem crescer. Assim como vemos o desenvolvimento de uma criança que, sem ter um crescimento de acordo com o tempo que se espera, torna-se doente ou morre, a fé de um indivíduo enfraquece com o tempo e ele então torna-se muito distante do caminho da salvação, se estagnar. E como seremos miseráveis se não pudermos ser salvos!

Jesus diz em Apocalipse 3:15,16: *"Conheço as suas obras, sei que você não é frio nem quente. Melhor seria que você fosse frio ou quente! Assim, porque você é morno, não é frio nem quente, estou a ponto de vomitá-lo da minha boca."* Deus nos repreende e informa que não podemos ser salvos com uma fé morna. Se nossa fé é fria, Deus pode nos guiar ao arrependimento e salvação, permitindo-nos passar por provações. Mas se nossa fé é morna, não é fácil nos arrependermos de nossos pecados.

3. A Fé dos Israelitas durante o Êxodo

Quando não vivemos pela Palavra de Deus, temos a tendência de reclamar e murmurar, quando passamos por dificuldades, ao invés de superá-las com fé e alegria. Todavia, o Deus de amor tolera essas coisas e nos encoraja a viver e permanecer na Verdade.

Vejamos mais um exemplo: os israelitas haviam sido escravizados por mais ou menos 400 anos no Egito. Sob a liderança de Moisés, deixaram essa terra e viram as poderosas obras de Deus sendo operadas muitas vezes, enquanto marchavam em direção a Canaã.

Eles testemunharam as dez pragas do Egito, a água do Mar

Vermelho se dividir em duas partes e as águas amargas de Mara se tornarem doces, possíveis de se beber. Também comeram manás e codornas que vinham do céu, enquanto passavam pelo Deserto do Pecado. Eles testemunharam as obras do incrível poder de Deus de uma maneira sensacional!

Mas ainda assim, reclamaram e murmuraram ao invés de orar com fé, quando se viram diante de dificuldades. Deus, por sua vez, com abundância de amor, teve misericórdia e permaneceu com eles, guiando-os dia e noite até à Terra Prometida.

Uma reclamação e pessoas ressentidas

Por que os israelitas continuaram murmurando e reclamando cada vez que se viam frente a provações e dificuldades? Não era por causa de uma situação em si, mas por causa de sua fé. Se tivessem tido a fé verdadeira, teriam desfrutado de Canaã, a Terra Prometida, em seus corações, mesmo estando em um deserto na realidade.

Em outras palavras, se eles tivessem crido que Deus iria, com certeza, guiá-los à terra de Canaã, tê-la-iam alcançado, superando todos os tipos de tribulação, sem sentirem angústia ou dor.

Dependendo do tipo de fé e da atitude que as pessoas têm, suas reações podem ser diferentes, mesmo quando se encontram em um mesmo ambiente ou situação. Em momentos difíceis da vida, alguns se sentem angustiados, outros os aceitam com um sentimento de dever e outros encontram a vontade de Deus no meio de tudo e obedecem a Ela com alegria e ações de graças.

Como podemos levar uma vida em Cristo cheia de gratidão e sem reclamação? Deixe-me explicar através de um exemplo.

Suponha que esteja vivendo em Seul e esteja passando por grandes dificuldades financeiras. Certo dia, alguém vem até você e diz: "Há um diamante do tamanho de uma bola de futebol enterrado em uma das praias de Pusão, a mais ou menos 428km no sudeste de Seul. É seu, se encontrá-lo. Poderá caminhar ou correr na orla, mas não poderá dirigir, pegar um ônibus, um trem ou um avião para chegar lá"; como você agiria? Nunca diria: "Tudo bem, o diamante agora é meu, porque ele me foi dado, então vou lá pegá-lo ano que vem" ou "vou lá mês que vem porque tenho andado muito ocupado ultimamente". Com certeza se apressará e começará a correr, logo depois de ouvir as notícias sobre algo tão precioso.

Quando as pessoas ouvirem a mesma notícia, a maioria delas correrá em direção a Pusão e pegarão o melhor atalho para encontrar o diamante, o mais rápido possível. Ninguém desistirá no meio do caminho, não importa a dor nos pés ou a exaustão. Todos dispararão para conseguir pegar o precioso diamante com gratidão e alegria, sem reclamações sobre a dor que sentirão nos pés.

Da mesma forma, se temos uma esperança confiante pela vida eterna e pelo lindo reino dos céus e uma fé constante, podemos correr na corrida da fé sem reclamar, independentemente das circunstâncias, até alcançarmos o céu.

Pessoas Obedientes

Se obedecermos à Palavra de Deus, não nos sentiremos angustiados ou incomodados em nossa vida cristã, mas sim cheios de alegria e prazer. Se nos sentimos inquietos em nossa vida na fé, isso mostra nossa desobediência à Palavra de Deus e que estamos tomando um caminho diferente daquele que Ele tem para nós.

Observemos uma parábola: antigamente, cavalos eram usados para puxar carroças. Eram geralmente chicoteados, embora trabalhassem para seus mestres. Não eram chicoteados quando lhes obedeciam, mas quando iam para o lado que queriam, não escapavam de fortes açoitadas.

O mesmo acontece com os filhos de Deus quando desobedecem à Sua Palavra. Quando seguem seu próprio caminho não agradam a seu Mestre e, de vez em quando, são chicoteados. As pessoas que obedecem à palavra de Deus dizendo: "Deus, diga-me o que devo fazer", levam vidas tranqüilas e em paz.

Por exemplo, Deus nos ordena: "Não roube". Quando obedecemos a esse mandamento, sentimo-nos em paz, mas quando não o fazemos, sentimo-nos inquietos por termos o desejo de roubar. É muito natural que um filho de Deus renuncie o que Ele lhe pedir para renunciar, pois, não o fazendo, sente angústia em seu coração.

Por isso Jesus diz em Mateus 7:13,14: *"Entrem pela porta estreita, pois larga é a porta e amplo o caminho que leva à perdição, e são muitos os que entram por ela. Como é estreita a porta, e apertado o caminho que leva à vida! São poucos os que a encontram".*

Os novos na fé acham difícil obedecer à palavra de Deus – é como entrar por uma porta estreita. Contudo, gradativamente percebem que se trata do caminho para o céu e de uma estrada de alegria e verdade.

4. A Não Ser que Creia e Obedeça

Você, provavelmente, já ouviu muitas vezes essa passagem de 1 Tessalonicenses 5:16-18: *"alegrem-se sempre. Orem continuamente. Dêem graças em todas as circunstâncias, pois esta é a vontade de Deus para vocês em Cristo Jesus."*

Você perde a alegria, quando algo lhe acontece? Faz cara feia quando alguém lhe traz problema? Fica cheio de ansiedade e preocupação, quando está com dificuldades financeiras ou quando perseguido por alguém?

Alguns podem achar hipocrisia sermos alegres e gratos, quando estamos passando por momentos difíceis. "Por que eu deveria dar graças, quando não há nada do que agradecer?" Também sabem que deveriam ser pacientes, mas tornam-se chateados e estressados quando enfrentam certas situações.

Cometem adultério no coração ao olhar para uma mulher atrativa, porque não se livraram da luxúria e lascívia. Essas coisas provam que tais pessoas não se livraram de seus pecados lutando contra eles e não obedecendo à Palavra.

Você não ouve a voz do Espírito Santo

Se você conhece a Palavra de Deus, mas não obedece a Ela, você não pode ouvir a voz do Espírito Santo, nem ser guiado por Ele, pois constrói um muro de pecado entre você e Deus. No entanto, até mesmo um recém-convertido pode ouvir a Sua voz e ser guiado por Ele, quando obedece à Sua Palavra. Do mesmo jeito, uma pequena criança não tem nada com o que se preocupar, quando obedece a seus pais. Deus se alegra conosco e nos guia quando mantemos nossa obediência a Ele, mesmo com pouca fé.

Vejamos um exemplo. É natural que os pais de uma pequena criança tomem conta dela em todos os aspectos. No entanto, não precisam cuidar dela com tanta atenção, quando cresce e já pode caminhar e se alimentar sozinha. Não precisam mais tratá-la com tanta atenção, como faziam quando era recém-nascida, quando estiver com sete anos de idade. Ainda assim, os pais vão se sentir angustiados ou com dor no coração, se seu filho não usar seus sapatos direito ou não conseguir fazer as coisas que já deveria estar fazendo por conta própria.

Da mesma forma, se temos uma vida cristã longa o bastante para sermos líderes ou obreiros em nossa igreja, devemos obedecer à voz de Deus. Se ouvirmos a Sua Palavra e continuarmos vivendo uma vida baseada nas experiências de quando éramos pequenas crianças e construindo uma parede de pecado contra Deus, a Sua provação virá sobre nós.

Em tal situação, não podemos receber respostas do Pai quando oramos a Ele. Não podemos ter bons frutos em nossas vidas e nem receber Sua proteção. Não prosperamos, mas passamos por dificuldades. Acabamos por viver uma vida dolorosa e exaustiva, cheia de ansiedades e preocupações.

Não recebemos nem as respostas nem a proteção de Deus

Quando estamos no segundo nível de fé, sabemos bem o que é pecado e que temos de desfazer de toda maldade e inverdade que há em nós. Se não o fizermos e continuarmos com tais coisas em nossa mente, como poderemos, sem embaraçamento, achegar-nos ao Santo Deus que é a própria luz? Nossos inimigos, Satanás e os demônios, se aproximam de nós e nos fazem duvidar de Deus e, por fim, voltar para o mundo.

Havia um senhor em minha igreja que tentou produzir frutos em vários negócios, perguntando a si mesmo: "O que farei pelo meu pastor?"

Mesmo assim, ele não obtinha sucesso, pois estava fisicamente fiel, mas não havia circuncidado seu coração, o que é o mais importante. Desonrou a Deus ao não seguir o caminho correto, por causa de seu pensamento carnal e coração que buscava sempre seus próprios interesses. Também tomava algumas posições desonestas em realação a algumas coisas, ficava nervoso com outras pessoas, desobedecia a Deus e muitos outros aspectos.

Além de tudo, se seus problemas financeiros e socias persistiam, ao invés de viver pela fé, se comprometia com coisas injustas. Por fim, devido à extensão da retrocedência de sua fé, provavelmente perdeu todos os prêmios que havia ganhado até aquele ponto, e Deus o chamou na melhor hora.

Portanto, devemos observar que, desfazer dos pecados à medida que vivemos pela Palavra de Deus, é muito mais significante que sermos fiéis fisicamente e termos títulos dados pela igreja.

5. Cristãos Maduros e Imaturos

Quando estamos no primeiro nível de fé, não nos sentimos incomodados nem ouvimos o Espírito Santo gemer, mesmo quando cometemos pecados. Isso acontece porque ainda não somos capazes de distinguir verdade de inverdade e não percebemos que pecamos. Deus não considera algo muito sério, quando pecamos porque realmente não distinguimos verdade de inverdade, exatamente por causa da falta de conhecimento que temos de Sua Palavra.

É como um bebê, que não é considerado culpado ao derramar um copo de água ou quebrar algo enquanto engatinha no chão. Ao invés de culpá-lo, seus pais ou os membros de sua família se consideram culpados pela falta de atenção.

No entanto, quando entramos no segundo nível da fé, passamos a ouvir os gemidos do Espírito Santo dentro de nós e a sentir-nos incomodados, quando cometemos pecados. Ainda não podemos entender tudo que Deus nos diz, pois somos como uma pequena criança em espírito, e, quando entendemos, não é fácil obedecer por conta própria. É por isso que as pessoas que se encontram no primeiro ou no segundo nível de fé são chamadas de "cristãos alimentados com leite".

Cristãos alimentados com leite

O apóstolo Paulo escreveu em 1 Coríntios 3:1-3:

Irmãos, não lhes pude falar como a espirituais, mas como a carnais, como a crianças em Cristo. Dei-lhes leite, e não alimento sólido, pois vocês não estavam em condições de recebê-lo. De fato, vocês ainda não estão em condições, porque ainda são carnais. Porque, visto que há inveja e divisão entre vocês, não estão sendo carnais e agindo como mundanos?

Quando aceitamos Jesus Cristo, recebemos o direito de ser filhos de Deus e o nosso nome é registrado no Livro da Vida. No entanto, somos tratados como pequenas crianças em Cristo, porque ainda não restauramos completamente a imagem de Deus que foi perdida.

É por essa razão que aqueles que estão no primeiro e segundo níveis de fé devem ser cuidados. Devem ser ensinados sobre a Palavra de Deus e incentivados a viver através Dela, como se estivéssemos alimentando um bebê com leite.

É por isso que as pessoas que estão no primeiro e segundo níveis de fé são chamadas de "cristãos alimentados com leite". Quando sua fé cresce e eles começam a entender e obedecer à voz de Deus sozinhos, são então chamados de "cristãos alimentados com comida sólida".

Sendo assim, se somos cristãos alimentados com leite – no primeiro ou segundo nível de fé – devemos fazer o máximo para tornar-nos cristãos que se alimentam de comida sólida. Contudo, devemos nos lembrar de que não podemos dar alimento sólido àqueles que ainda devem ser alimentados com leite. Se o fizermos, tais pessoas sofrerão indigestão, da mesma maneira que um bebê sofre, se for alimentado indevidamente.

Logo, devemos ser sábios ao tomar conta de nossa esposa, crianças, ou qualquer outra pessoa com uma fé pequena. Primeiro, precisamos nos colocar em seu lugar para então ajudá-los a crescer na fé, ensinando-os sobre o Deus Vivo. Não devemos culpá-los ou repreendê-los por sua pouca fé, que é produto de seus corações teimosos ou obras desobedientes.

Deus não pune as pessoas que estão no primeiro ou segundo nível da fé, quando não guardam o Dia Santo do Senhor ou não vivem completamente segundo a Palavra. Ele entende sua situação e as guia com amor. Dessa maneira, devemos ser capazes de discernir a medida da nossa fé e a dos outros e pensar sabiamente de acordo com ela.

Cristãos que se alimentam de comida sólida

Quando lutamos para ter uma boa vida cristã, mesmo estando no primeiro ou segundo nível de fé, Deus nos protege de muitos problemas e provações. Todavia, não devemos parar no segundo nível. Assim como nossos pais ficam ansiosos se o nosso crescimento não está seguindo o ritmo esperado, mas felizes ao nos ver crescer bem, um filho de Deus também deve buscar arduamente o crescimento de sua fé, através da Palavra e da oração.

Portanto, por um lado, nos tempos mais oportunos, Deus permite que passemos por momentos difíceis para que Ele possa nos guiar ao terceiro nível da fé. Ele nos abençoa não somente com o crescimento da nossa fé, mas também com muitas outras coisas. Quanto mais difíceis são as situações que vivemos, maiores são as bênçãos de Deus.

Por outro lado, se fosse para estarmos no terceiro nível da fé, mas estivermos vivendo uma vida de quem se encontra no primeiro ou segundo níveis, Deus nos faz passar por provações para disciplina, e não para bênçãos.

Imaginemos uma criança desnutrida porque só bebe leite e não consome nenhum outro alimento nutritivo. Se insistir com o leite, vai ficar doente e pode até morrer. Em tal situação, seus pais naturalmente tentarão o máximo para alimentá-la com aquilo que precisa comer.

Da mesma forma, quando os filhos de Deus conhecem a Sua Palavra mas seguem um caminho de morte ao não acatá-la, Deus, que através de Seu Filho Jesus Cristo deseja ter filhos verdadeiros, permite que lhes sobrevenham provações com um coração partido com a acusação de Satanás.

Deus trata Seus filhos da seguinte maneira: *"pois o Senhor disciplina a quem ama, e castiga todo aquele a quem aceita como filho. Suportem as dificuldades, recebendo-as como disciplina; Deus os trata como filhos. Ora, qual o filho que não é disciplinado por seu pai?"* (Hebreus 12:6,7)

Se um filho de Deus pecasse e Ele não o disciplinasse, é como se Deus não o amasse muito. Para essa pessoa, seria a tragédia das tragédias ir para o inferno, pois Deus não mais a aceitaria no céu como Sua filha.

Assim sendo, se as provações para disciplina de Deus vierem sobre nós, quando estivermos cometendo pecados, devemos nos lembrar de que se trata da evidência do Seu amor por nós e nos arrepender profundamente de ter pecado contra Ele. Sem desistir, devemos tentar nos arrepender de todos os nossos pecados e receber o perdão.

Podemos ser perdoados de nossos pecados, quando não apenas nos arrependemos com nossos lábios, mas também quando saímos do caminho dos mesmos. O verdadeiro arrependimento com choro não acontece por causa da nossa própria vontade, mas sim pela graça de Deus. Logo, devemos intensamente pedir a Deus que Ele nos dê a graça do arrependimento com lágrimas, pois quando ela vem sobre nós, derramamo-nos diante dele em arrependimento que vem do coração.

Somente então é que o muro de pecados entre nós e Deus é destruído e o nosso coração se torna renovado e cheio de luz. Somos cheios do Espírito Santo, alegria e gratidão transbordam do nosso ser e essa então é a evidência de que nos restabelecemos com Deus.

Se é esperado que estejamos no terceiro nível da fé, mas nos comportamos e vivemos como estando no segundo, é, de certa forma difícil, recebermos a fé do alto, com a qual conseguimos resolver nossos problemas. Quando a fé dada por Deus não vem sobre nós, é impossível que nossas doenças sejam curadas com nossa fé e podemos logo nos encontrar confiando em métodos mundanos. Entretanto, se profundamente nos arrependermos com lágrimas dos nossos pecados e virarmos as costas paraele, o terceiro nível de fé logo nos é restabelecido.

Se entendemos esse princípio de crescimento da fé, devemos então não nos satisfazer com nosso nível presente. Assim como uma criança cresce para entrar e passar por várias fases na escola, pela universidade, etc, devemos fazer o nosso melhor para aumentarmos nossa fé, até alcançar a maior medida.

Quando estamos no segundo nível da fé, nossa fé cresce rapidamente com o encher do Espírito Santo, pois nossa fé, mesmo que seja do tamanho de um grão de mostarda, já foi plantada e começou a brotar. Em outras palavras, nossa fé cresce o suficiente para obedecermos á voz de Deus, à medida que nos armamos com Sua Palavra, ouvindo-a, indo aos cultos e orando incessantemente.

Que você possa não apenas armazenar a Palavra de Deus como um mero conhecimento, mas que possa obedecer a Ela por completo e obter ainda mais fé, em nome do nosso Senhor, eu oro!

Capítulo 6

Fé para Viver pela Palavra

*"Portanto, quem ouve estas minhas
palavras e as pratica é como um homem
prudente que construiu a sua casa
sobre a rocha. Caiu a chuva, transbordaram
os rios, sopraram os ventos e deram contra
aquela casa, e ela não
caiu, porque tinha seus alicerces na rocha."*
(Mateus 7:24-25).

Pessoas diferentes possuem medidas de fé diferentes. A fé é um dom de Deus que é dado a nós, à medida que vamos tendo verdade em nosso coração. Quando a nossa fé como conhecimento é transformada na fé dada por Deus, podemos receber Suas respostas.

Como mencionei nos capítulos anteriores, quando estamos no primeiro nível da fé para receber a salvação, recebemos o Espírito Santo e o nosso nome é resgistrado no Livro da Vida. Então, começamos um relacionamento com Deus e começamos a chamá-Lo de "Deus Pai".

Depois, nossa fé cresce e passamos a gostar de ouvir a Palavra de Deus cheia do Espírito Santo e tentamos obedecer a Ela. No entanto, não o fazemos completamente. Sentimo-nos incomodados, às vezes, e não recebemos respostas em relação a tudo que oramos. Essa fase é considerada como o terceiro nível de fé.

Como podemos alcançar o nível seguinte – o terceiro – que é a fé com a qual podemos viver pela Palavra? Que tipo de vida cristã temos no terceiro nível?

1. O Terceiro Nível da Fé

Quando alguém aceita Jesus e recebe o Espírito Santo, uma

semente de fé, pequena como um grão de mostarda, é plantada em seu coração. Quando essa semente brota, a pessoa se vê em um nível de fé no qual ela *tenta obedecer* à voz de Deus, e depois alcança um nível maior e passa a *obedecer a Ela.*

A princípio, não obedecemos muito à voz de Deus, apesar de ouvi-la, mas à medida que nossa fé cresce, podemos entendê-la mais profundamente e obedecer mais a Ela. Por isso, a "fé para obedecer" é também chamada de "fé que capacita para o entendimento".

Entender a Palavra de Deus é diferente de armazená-La como conhecimento. Ou seja, tentar obedecer forçadamente à Bíblia, porque sabemos que ela é a Palavra de Deus, é diferente de obedecer-Lhe com vontade e prontidão, porque se entende que se deve obedecer a Ela.

Obedecendo à Palavra através do entendimento

Observemos o seguinte exemplo: suponhamos que estejamos ouvindo uma mensagem que diz: "Se você mantiver o dia do Senhor santo e der ofertas e os dízimos, Deus lhe tirará todo tipo de problema e provação. Ele lhe curará todos os tipos de doenças e abençoará a sua alma com bênçãos financeiras."

Se acharmos que conhecemos a Palavra depois de ouvirmos uma mensagem, mas sem entendê-la em nosso coração, nem sempre obedecemos a Ela todos os dias da nossa vida. Podemos tentar, pensando, 'É, é verdade', e até obedecer à ordem algumas vezes; mas dependendo da situação também deixaremos de obedecer. Esse ciclo pode se repetir até possuirmos a fé perfeita na Palavra.

Todavia, se entendermos a Palavra e crermos de todo o nosso coração, manteremos o Dia Santo do Senhor, daremos os dízimos e não seremos abalados, independentemente das circunstâncias.

Imaginemos que um presidente de uma empresa diga a todos os seus empregados: "Se qualquer de vocês trabalhar à noite, eu pagarei as horas-extras e ainda o promoverei." Se a escolha de hora extra for possível para todos os empregados, o que eles fariam se confiassem na promessa de seu presidente? Com certeza trabalhariam à noite, a menos que tivessem razões especiais para não o fazer. Geralmente, leva alguns anos para uma pessoa ser promovida em uma empresa e o esforço para

se passar em um teste para ser promovido é muito grande. Levando tudo isso em conta, nenhum empregado naquela empresa hesitaria em trabalhar à noite, não só uma noite, um mês todo, ou até mesmo mais que um mês.

Assim, também é verdade o mandamento de Deus para guardarmos o dia do Senhor e darmos os dízimos. Se confiamos plenamente na promessa de Deus, mantendo o Dia Santo do Senhor e dando os dízimos, o que faremos então?

Nossa obediência nos traz bênçãos

Quando guardamos o Dia do Senhor, reconhecemos a soberania de Deus. Reconhecemos que Deus é o Senhor do mundo espiritual. É por essa razão que Ele nos protege de todos os tipos de desastres e acidentes durante a semana e nos abençoa, de modo que nossa alma vá bem quando mantemos o sétimo dia santo. Além disso, também admitimos a soberania de Deus ao darmos os dízimos, pois mostramos que entendemos que todas as coisas nos céus e na terra pertencem a Ele.

Uma vez que Deus é o Criador de todas as coisas, a própria vida vem Dele, e a força com a qual fazemos nossos esforços e damos o nosso máximo também. Em outras palavras, todas as coisas pertencem a Deus. A princípio, todo o nosso salário é Dele, mas Ele nos permite dar a Ele apenas dez por cento do mesmo e usar o resto conosco.

Malaquias 3:8,9 nos lembra: *"Pode um homem roubar de Deus? Contudo vocês estão me roubando. E ainda perguntam: 'Como é que te roubamos?' Nos dízimos e nas ofertas. Vocês estão debaixo de grande maldição, porque estão me roubando; a nação toda está me roubando."*

Ou seja, ou estaremos sob uma maldição se cometermos o sério pecado de roubar de Deus nos dízimos; ou, se dermos a Deus os dízimos em obediência ao Seu mandamento, estaremos sempre sob Sua proteção e receberemos bênçãos em uma boa medida, calcada, sacudida e transbordante (Lucas 6:38).

O entendimento correto traz obediência

Somente quando entendemos o verdadeiro significado da Palavra, que é algo muito além de simplesmente armazená-La como conhecimento, é que podemos obedecer a Ela e receber as recompensas de Deus de acordo com o que fazemos. Se isso não acontece, entretanto, não conseguimos obedecer à Palavra por completo quando tentamos, pois A temos e A praticamos só como conhecimento em nosso cérebro.

Portanto, devemos lutar para fazer nossa fé crescer. Um bebê morre se não for alimentado. Ele tem de ser alimentado regularmente, mover seus pés e mãos, ver, ouvir e aprender com seus pais e com outras pessoas. Nesse processo, o conhecimento e a sabedoria do bebê aumentam e ele cresce e amadurece da maneira correta.

Da mesma forma, os crentes não devem apenas ouvir a Palavra de Deus mas também tentar compreendê-La. Quando oramos para obedecer a Ela, somos capacitados para entender Seu significado e, assim, ganhamos força para acatá-La.

Por exemplo, Deus diz em 1 Tessalonicenses 5:16-18: *"Alegrem-se sempre. Orem continuamente. Dêem graças em todas as circunstâncias, pois esta é a vontade de Deus para vocês em Cristo Jesus."* As pessoas que estão no segundo nível da fé estão com um sentimento de dever, tendência para orar, para dar graças e se alegram porque isso é a ordem de Deus. Contudo, não dão graças quando não se sentem gratos, ou não se alegram quando enfrentam dificuldades, pois tentam obedecer à Palavra apenas com um sentimento de dever.

As pessoas no terceiro nível da fé, por outro lado, conseguem obedecer à Palavra porque estão firmes na rocha da fé. Entendem por que devem sempre dar graças, orar sem cessar e estar sempre alegres. Portanto, estão sempre felizes do fundo de seu coração e oram continuamente em qualquer circunstância.

Então, por que Deus nos ordena a estarmos alegres todo o tempo? Qual é o verdadeiro significado desse mandamento? Se ficamos alegres apenas quando a alegria e a felicidade nos ocorrem e nos prostramos ao enfrentar preocupações, não nos diferenciamos das pessoas do mundo, que não crêem em Deus.

Tais pessoas estão em busca das coisas mundanas porque não sabem de onde os seres humanos vêm e para onde vão. Assim sendo, se alegram somente quando sua vida está cheia de prazer e razões e eventos de felicidade. De outra forma, são afetados e derrotados por preocupações, ansiedades, dores ou sofrimentos que vêm do mundo.

Os crentes, no entanto, podem viver de modo diferente dessas pessoas porque possuem esperança pelo céu. Nós, como crentes, não precisamos nos preocupar ou ficarmos ansiosos, pois o nosso Pai verdadeiro é Deus, que criou tudo, os céus e a terra e tem governado todas as coisas, inclusive a história humana. Por que deveríamos nos preocupar ou temer? Além do mais, uma vez que desfrutaremos da vida eterna no reino dos céus, através de Jesus Cristo, não temos outra escolha senão nos regozijar.

Fé para obedecer à Palavra

Se entendemos a Palavra de Deus do fndo do nosso coração, podemos nos alegrar até mesmo nos momentos que não seriam para nos alegrarmos, dar graças a todo o tempo, mesmo quando é difícil fazê-lo e orar mesmo em momentos em que não nos sentimos capazes. Só então nosso inimigo sairá de perto de nós, problemas e dificuldades nos deixarão e todos os tipos de adversidades serão resolvidos, pois o Deus Todo Poderoso está conosco.

Se dizemos acreditar em Deus, mas ainda nos preocupamos ou nos custa alegrar, quando enfrentamos um problema, estamos então no segundo nível de fé.

No entanto, se estamos transformados para entender a Palavra de Deus verdadeiramente e estamos gratos e alegres de coração, estamos no terceiro nível da fé. As seguintes coisas acontecem quando estamos neste nível: quanto mais tentamos amar e servir os outros, o ódio sai do nosso coração e, pouco a pouco, vamos sendo cheios de amor espiritual para amar nossos inimigos. Isso, porque nós agora entendemos de coração o amor do Senhor, que tomou a pesada cruz pelos pecadores.

Jesus foi crucificado, insultado e maltratado por pecadores, embora tivesse feito só coisas boas e fosse inocente. Não odiou aqueles que O crucificaram, insultaram ou ridicularizaram, mas orou a Deus pedindo que fossem perdoados. No fim, demonstrou o Seu grande amor, entregando a Sua vida por eles.

Às vezes, costumávamos odiar aqueles que nos machucaram ou caluniaram sem nenhuma razão antes de entendermos o grande amor de Jesus, nosso Senhor. Entretanto, agora sabemos que devemos odiar os seus pecados, mas não as pessoas em si. Além disso, não invejamos aqueles que trabalham mais ou são mais elogiados que nós, mas nos regozijamos com eles e os amamos em Cristo. Às vezes, duvidávamos da Palavra de Deus ou A julgávamos de acordo com nossos próprios pensamentos, quando A ouvíamos pela primeira vez, mas agora A recebemos cheios de alegria, sem duvidar ou julgar. No terceiro nível da fé, obedecemos à Palavra de Deus, mandamento por mandamento.

As recompensas de Deus requerem fé acompanhada de obras

Antes de eu conhecer a Deus, havia sofrido de muitos tipos de doenças por sete anos e fui apelidado de "Armazém de Doenças". Fazia de tudo para ser curado, mas tudo era em vão e minhas doenças pioravam a cada dia. Pareciam impossíveis de ser curadas pela medicina e não podia fazer outra coisa a não ser esperar pela morte.

Certo dia, fui curado instantaneamente pelo poder de Deus e recuperei minha saúde. Através dessa experiência maravilhosa, conheci o Deus Vivo e, desde então, tenho confiado plenamente Nele, sem um resquício de dúvida, e dependido inteiramente de Sua Palavra, na Bíblia. Obedeci a cada palavra de Deus incondicionalmente. Alegrava-me nas dificuldades e dava graças em qualquer tipo de situação, porque isso era o que Deus me disse para fazer, na Bíblia.

O meu maior prazer era ir aos cultos de adoração e orar a Deus aos domingos; cheguei até a abrir mão de um emprego muito bom e comecei a trabalhar em construções, pois assim eu podia manter o Dia Santo do Senhor.

Eu estava muito alegre e grato pelo fato de que Deus era meu Pai. Ele veio até mim, quando estava esperando pela morte e realmente tive imensa gratidão pela sua inacreditável graça. Continuei a orar e a jejuar, a fim de viver completamente pela Palavra de Deus. Então, um dia, ouvi a voz de Deus me chamando para ser seu servo. Com um coração obediente, decidi tornar-me seu bom servo e hoje sou pastor.

Dou graças a Deus, meu Pai, do fundo do meu coração, seja quando estou ajoelhado para orar, caminhando na rua, ou conversando com alguém. Estou sempre alegre, com todo o meu ser também. Problemas e preocupações confrontarão qualquer um e como o pastor presidente de uma igreja de 120.000 membros, tenho bastante trabalho e responsabilidade. Tenho de ensinar e treinar muitos servos e ministros de Deus, para que eles possam realizar o dever que lhes foi dado por Ele e cumprir a missão mundial, levando inúmeras pessoas ao Senhor. O diabo planeja todos os tipos de truques para dificultar a realização dos planos de Deus, trazendo todos os tipos de dificuldades e provações. Muitas coisas para se lamentar, implorar e preocupar surgem em minha vida e, se eu tivesse sido derrotado por elas ou acometido de sentimento de medo, eu, provavelmente, já teria caído.

No entanto, nunca fui frustrado ou vencido por preocupações e ansiedades, pois sempre entendia claramente a vontade de Deus. Dava graças a Ele e orava com alegria, fosse qual fosse o tamanho das minhas provações e problemas, e Ele sempre trabalhava para o meu bem em tudo e me abençoava ainda mais.

2. Até Alcançar a Rocha da Fé

Ver as coisas sem fé, através das lentes do medo e ansiedade, vai apenas prejudicar nosso espírito e a nossa saúde. Se entendermos o significado espiritual da Palavra de Deus, que nos diz: *"Alegrem-se sempre. Orem continuamente. Dêem graças em todas as circunstâncias, pois esta é a vontade de Deus para vocês em Cristo Jesus"*, conseguiremos dar graças sinceras em qualquer situação (1 Tessalonicenses 5:16-18).

Isso é porque nós acreditamos firmemente que essa é a maneira de agradar a Deus, amá-Lo e receber Suas respostas. O conteúdo do versículo acima é a chave para resolvermos nossos problemas, receber as bênçãos de Deus e expulsarmos nosso inimigo, Satanás e seus demônios. Suponhamos que haja uma menina que tem brigado muito com sua madrasta. Elas sabem que deveriam amar uma a outra e ter paz entre si. O que vai acontencer se elas se culparem ou sentirem remorso uma da outra? Nenhum problema poderá ser resolvido entre as duas.

Se a madastra caluniar a sua meia-filha para os outros membros da família e vizinhos, e a filha falar mal de sua madrasta, disputas e conflitos não terão fim e a paz não habitará em seu lar.

Mas, e se elas se arrependerem de seus erros, se entenderem, colocando-se uma no lugar da outra, se perdoarem e amar uma a outra; o que vai acontecer? Aí sim, haverá paz neste lar. A madrasta falará bem de sua meia-filha e esta lhe retribuirá com elogios do fundo de seu coração. Assim, terão um relacionamento cheio de amor e paz! Esse é o caminho para sermos amados por Deus também.

A fase inicial do terceiro nível da fé

A razão pela qual algumas pessoas são incapazes de obedecer à Palavra, mesmo quando sabem que é a Verdade, é porque elas ainda têm muita inverdade dentro de si, que, por sua vez, apaga o desejo do Espírito Santo. Portanto, quando entramos na primeira fase do terceiro nível de fé, começamos a lutar contra os pecados a ponto de derramar o nosso sangue (Hebreus 12:4).

A fim de nos livrarmos dos nossos pecados, devemos lutar severamente com jejuns, como Jesus nos disse: *"Essa espécie só sai pela oração e pelo jejum"* (Marcos 9:29). Só então receberemos força o bastante e graça de Deus para vivermos pela Sua Palavra. Da mesma maneira, quando estamos no terceiro nível de fé, também estamos ansiosos para renunciar o que quer que seja que Deus nos pedir para renunciar, e fazer o que a Bíblia fala.

Isso significa que todo mundo que guarda o Dia do Senhor e dá dízimos tem o terceiro nível de fé? Não, não é esse o caso. Alguns podem ir ao culto de domingo e dar seus dízimos com um coração hipócrita – eles podem fazer tal coisa só porque estão com medo de ter provações e problemas, caso não obedeçam a esses mandamentos, ou porque querem que os ministros e os servos de Deus da igreja falem bem deles. Se adoramos a Deus em espírito e em verdade, Sua Palavra é para nós mais doce que o mel.

Entretanto, quando nos encontramos relutantes para freqüentarmos os cultos de nossa igreja, geralmente nos sentimos entediados com as mensagens e pensamos: 'Esse culto podia tanto terminar logo...' Isso acontece porque, mesmo nosso corpo sendo santuário de Deus, o nosso coração está em outro lugar.

Se formos ao culto, mas deixarmos o nosso coração voando pelo mundo, não podemos dizer que guardamos o Dia Santo do Senhor, pois Ele nos examina e sabe que não foi o que aconteceu. Nesse caso, ainda estamos no segundo nível da fé, mesmo dando os dízimos.

A medida da fé será diferente de pessoa para pessoa, mesmo se encontrando no mesmo nível de fé. Se a medida máxima de cada nível for 100%, nossa fé cresce gradativamente do 1% para 10%, depois para 20%, 50% e, assim por diante, até chegar aos 100% em cada nível e, assim, ir para o próximo.

Imaginemos que dividamos a medida da fé do segundo nível em 100. À medida que ela se aproxima dos 100%, chegamos obviamente mais perto do terceiro nível. Da mesma forma, quando nossa fé atinge os 100% no terceiro nível, segue para o quarto. Portanto, devemos ser capazes de examinar cada nível em que nos encontramos e o quanto daquele nível já foi alcançado.

A rocha da fé

Se a nossa fé alcançar mais de 60% do terceiro nível, podemos dizer que estamos sobre a rocha da fé. Em Mateus 7:24,25 Jesus nos diz: *"Portanto, quem ouve estas minhas palavras e as pratica é como um homem prudente que construiu a sua casa sobre a rocha. Caiu a chuva, transbordaram os rios, sopraram os ventos e deram contra aquela casa, e ela não caiu, porque tinha seus alicerces na rocha".*

"A rocha" aqui se refere a Jesus Cristo (1 Coríntios 10:4), e "a rocha da fé" se refere a estar firme na Verdade, Jesus Cristo. Quando estamos sobre a rocha da fé depois de termos alcançado a partir de 60% do terceiro nível, não caímos diante de qualquer que seja o problema ou provação que nos sobrevier. Obedecemos à vontade de Deus até o fim, porque permanecemos firmes sobre essa rocha, pois já sabemos que ela é o caminho certo, ou a vontade do Pai.

Logo, podemos sempre levar uma vida vitoriosa e dar glórias a Deus sem sermos tentados pelo inimigo. Além disso, alegria e gratidão transbordam do nosso coração apesar de qualquer tipo de provação que porventura estirvermos passando, desfrutamos da paz e descansamos orando incessantemente.

Suponhamos que nosso filho quase morra em um acidente de trânsito. Apesar disso ser aparentemente um tragédia, nós derramamos lágrimas de ações de graças de todo o nosso coração e nos alegramos porque estamos firmes na Verdade. Mesmo, por exemplo, se ficamos aleijados por causa de um acidente, não falaremos uma palavra sequer de reclamação contra Deus, fazendo perguntas do tipo: "Por que Deus não me protegeu?". Ao invés disso, agradeceremos a Ele por ter protegido as outras partes do nosso corpo.

Na verdade, o simples fato de os nossos pecados serem perdoados, e de podermos ir para o céu, já é o suficiente para agradecermos a Deus. Mesmo se ficarmos aleijados, isso não pode nos impedir de ir para o céu; e quando entrarmos lá, nosso corpo aleijado se transformará em um perfeito corpo celestial.

Em outras palavras, não há razão para reclamarmos ou sentirmos tristes. É claro que Deus sempre nos protege se temos esse tipo de fé. Mesmo se Ele permitir que sejamos machucados em algum acidente de trânsito, para que recebamos bênçãos, podemos ser ainda completamente curados de acordo com nossa fé.

Uma vida triunfante na rocha da fé

Embora as pessoas na primeira fase do terceiro nível da fé tenham o desejo de obedecer à Palavra, algumas vezes o fazem com alegria e outras contra a sua vontade. Isso acontece porque tais pessoas não estão ainda completamente santificadas e possuem conflitos entre a verdade e a inverdade em seus corações.

Por exemplo, tentamos servir os outros sem odiá-los, porque Deus nos ensina que não devemos odiar as pessoas, mas sim, amar os nossos inimigos. Contudo, mesmo parecendo que estamos servindo os outros, sentimo-nos incomodados porque não os amamos de coração. Entretanto, se estamos firmes sobre a rocha da fé, nosso inimigo, Satanás e seus demônios, não obtêm sucesso em nos tentar ou nos incomodar, pois temos o coração da Verdade para seguir o desejo do Espírito Santo, e não tememos nada, porque caminhamos no meio do poder do Deus Todo Poderoso.

Assim como o jovem Davi disse corajosamente ao gigante Golias com fé: *"...pois a batalha é do SENHOR, e ele entregará todos vocês em nossas mãos"* (1 Samuel 17:47), também somos capazes de fazer tal confissão de fé, uma vez que Deus nos dá a vitória de acordo com a nossa fé. Nada pode nos atrapalhar ou diminuir, porque nosso Deus é quem nos ajuda.

Se nos relacionarmos com Deus e O amarmos, poderemos receber as respostas aos nossos problemas e petições no momento em que as apresentarmos a Ele. Contudo, isso não se aplica às pessoas que oram ocasionalmente e não têm um relacionamento com o Pai. Quando enfrentam problemas, é muito difícil para elas receber respostas de Deus. E elas ainda dizem:

"Deus irá, com certeza, me dar a solução". É como se elas estivessem esperando uma maçã cair da árvore sozinha. É por isso que devemos orar sem cessar.

Como alcançar a rocha da fé

Não é fácil para um boxeador se tornar um campeão mundial. Tal título requer esforços incessantes, muita paciência e um forte autocontrole. No começo, a pessoa perde muitas lutas sem marcar nenhum ponto, porque ainda lhe falta habilidade.

No entanto, à medida que treina continuamente e refina suas habilidades, já começa a perder, mas em lutas mais equilibradas, e depois, fazendo mais esforços, pacientemente, chega a ganhar uma luta e aumenta sua autoconfiança.

Semelhantemente, um estudante, que é bom em inglês, mal pode esperar pela aula de inglês e quando ela finalmente chega, ele a curte profundamente. Por outro lado, já os alunos que não vão bem na língua, sentir-se-ão entediados e incomodados durante a mesma aula.

O mesmo acontece com a guerra espiritual contra o nosso inimigo. Quando estamos no segundo nível da fé, o desejo do Espírito Santo dentro de nós trava uma guerra intensa contra o desejo pecaminoso, já que os dois desejos têm a mesma magnitude de poder. É como uma luta entre duas pessoas com forças e habilidades iguais. Se uma bate na outra, esta lhe bate de volta. Se uma bate na outra cinco vezes, a outra revida da mesma maneira. A guerra no mundo espiritual contra o diabo é a mesma coisa. Algumas vezes o superamos e algumas vezes somos atingidos por ele.

No entanto, se continuarmos a orar e tentarmos obedecer à Palavra sem nos sentirmos desapontados, Deus derramará de Sua graça a força e o Espírito Santo nos ajudará. Como resultado, o desejo do Espírito crescerá em nosso coração e a nossa fé aumentará continuamente em direção ao terceiro nível.

Uma vez que entramos no terceiro nível da fé, os desejos da nossa natureza carnal desaparecem e fica mais fácil vivermos de fé em fé. Quando oramos continuamente como a Palavra nos ordena, passamos a gostar de fazê-lo. Se no início conseguíamos orar por dez minutos, agora seremos capazes de orar por vinte, trinta minutos, e depois oraremos facilmente por duas ou três horas.

Não é fácil para os iniciantes na fé orarem por mais de dez

minutos, pois não têm tópicos ou pedidos suficientes para colocarem em oração; então eles se sentem um pouco incomodados sobre a oração e invejam as pessoas que podem orar fluentemente sem nenhuma dificuldade. Se continuarmos a orar, com paciência de coração, a força do céu para orar horas por dia nos será dada. Quando fazemos de tudo para orarmos continuamente, Deus nos dá Sua graça e força para orar.

Sendo assim, podemos dizer que a nossa fé amadurece com a oração contínua. Quando alcançarmos uma medida maior de fé dentro do terceiro nível, possuiremos fé inabalável, sem nos desviarmos nem para a direita ou para a esquerda, ao enfrentarmos problemas ou provações.

Alcançando um nível além da rocha da fé

Quando estamos sobre a rocha da fé, Deus nos ama, resolve os nossos problemas e nos dá respostas ao que for que pedirmos. Também podemos ouvir a voz do Espírito Santo, ser cheios de alegria e gratidão sob qualquer circunstância como Deus ordena, e nos tornamos alerta através da oração incessante, porque habitamos na Palavra registrada nos sessenta e seis livros da Bíblia.

Se somos ministros, anciãos, pastores, ou líderes em nossas igrejas, mas não podemos ouvir a voz do Espírito Santo, devemos saber que ainda não estamos sobre a rocha da fé, embora isso não signifique, necessariamente, que poçamos ouvir a voz do Espírito só quando estamos sobre ela.

Até os recém-convertidos podem ouvir a voz do Espírito, quando obedecem à Palavra de Deus, quando A aprendem. E é por causa disso e de acordo com a sua obediência, inclusive, que não leva muito tempo para que a sua fé vá do primeiro nível da fé para a medida da rocha.

Desde que aceitei o Senhor, comecei a entender a graça de Deus em meu coração e tentei obedecer à Palavra, à medida que A aprendia. Foi por causa desses esforços que pude ouvir a voz do Espírito Santo e ser guiado por Ele. Obedeci à Palavra de todo o meu coração, com a determinação de que abriria mão da minha própria vida pelo Senhor, com alegria, se necessário.

Levei três anos para ouvir claramente a voz do Espírito Santo. É claro que outras pessoas podem ouvir a Sua voz com um ou dois anos, se lerem diligentemente a Palavra de Deus, mantê-La em sua mente e obedecer a Ela. Ainda assim, independente do tempo que temos como cristãos, não ouviremos a voz do Espírito Santo, se vivermos segundo o nosso próprio modo de pensar, sem obedecer à Palavra.

Há crentes que dizem: "Eu costumava ser cheio de fé e do Espírito Santo. Servia ativamente à igreja. Mas minha fé degenerou desde que tropecei espiritualmente por causa de um outro membro da igreja." Neste caso, não podemos dizer que essa pessoa possuía uma boa fé, quando servia à igreja diligentemente antes.

Além disso, se essas pessoas tinham realmente uma boa fé, não deveriam ter caído por causa de um outro membro e nem abandonado sua fé. Elas agiram de tal maneira porque sua fé era apenas carnal, sem obras, mesmo tendo elas conhecimento a respeito da Palavra de Deus.

Não devemos cometer a bobeira de sair da igreja, depois de passarmos por alguma situação difícil com algum ou alguns membros. É algo realmente lamentável trairmos a Deus, quem nos redimiu de todo pecado e nos deu a verdadeira vida, voltando para o mundo, que leva à morte eterna, só porque nos desentendemos com um ministro, líder, irmão ou irmã da igreja!

Se estamos orando de maneira hipócrita só para mostrar que somos espirituais ou nos sentimos angustiados e com raiva no coração a respeito daqueles que nos caluniam ou fofocam sobre nós, devemos admitir que estamos longe da rocha da fé; pois quando estamos sobre ela, nada disso entra em nossa mente. O que devemos fazer é orar por tais pessoas com amor e lágrimas.

Durante o meu ministério, desde 1982, experienciei momentos extremamente inaceitáveis na igreja. Alguns ministros eram maus demais para serem perdoados segundo a perspectiva humana, mas nunca senti ódio ou raiva em relação a eles. À medida que via, pela fé, a transformação deles, tentava levar em conta somente as suas partes boas e amáveis, ao invés da sua maldade.

Logo, podemos obedecer à Palavra por completo e desfrutar da liberdade que Ela nos dá, quando temos a medida máxima da fé do terceiro nível e estamos firmes sobre a mesma. Dessa maneira, seremos sempre alegres, daremos graças a todo tempo, e oraremos continuamente. Nunca perderemos o sentimento de gratidão e nunca nos sentiremos tristes. Além do mais, permaneceremos firmes sobre a rocha de Jesus Cristo, ,sem nos abalarmos ou desviarmos para a direita ou para a esquerda.

3. Lutando Contra o Pecado a Ponto de Derramar Sangue

No entanto, há pessoas brilhantes que entram na universidade fazendo o vestibular com uma idade menor que o normal, enquanto outras só conseguem entrar depois de váras tentativas. Assim é também com o quarto nível da fé. Podemos alcançá-lo rápida ou vagarosamente, dependendo dos nossos esforços. É claro que o fator mais importante é o tamanho do vaso que a pesoa é. Um esforço de um vaso pequeno não é suficiente para amadurecer sua fé para um nível maior, embora ele entenda a Palavra e tenha um pouco de fé esperança pelo céu. Um grande vaso, por outro lado, sabe o que é certo e resolve fazer a coisa certa, permanecendo na luta até atingir seus objetivos.

Portanto, devemos entender o quão crítico é fazer todo o esforço e lutar contra os nossos pecados, a ponto de derramar sangue, a fim de aumentar a nossa fé do terceiro para o quarto nível o mais rápido possível.

Cumprindo nosso dever enquanto resistimos aos pecados

Não devemos negligenciar os deveres que nos foram dados por Deus, enquanto estivermos lutando contra nossos pecados. Por exemplo: havia uma diaconiza, presidente em minha igreja, que havia estado comigo desde a sua fundação. Ela e seu marido, ambos com sérias doenças, tinham ido à minha igreja, eu orei e então eles foram curados.

Desde então, ela recuperou sua saúde e tentou aumentar a

medida de sua fé, mas não cumpria completamente o seu dever como diaconiza presidente. Ela não dava seu máximo na luta contra o pecado, a ponto de derramar seu sangue, e a maldade ainda existia em seu coração, mesmo ela freqüentando a igreja e ouvindo a Palavra de Deus durante 15 anos. Suas obras e palavras também eram como as daqueles que se encontram no segundo nível de fé.

Felizmente, ela foi acordada espiritualmente alguns meses antes de sua morte e tentou agradar a Deus, entregando e espalhando novos boletins na igreja. Como ela recebeu minha oração três vezes, recebeu o terceiro nível da fé em um curto período de tempo.

Portanto, devemos não apenas lutar contra os nossos pecados ao ponto de derramarmos nosso sangue para expulsar todo mal, mas também cumprir os deveres, que nos foram dados por Deus, de todo o nosso coração, para que possamos alcançar uma maior medida de fé.

É muito difícil descartar nossos pecados por conta própria, mas é muito fácil recebermos a força de Deus do céu.

Que você possa ser um cristão sábio aos olhos de Deus ao lembrar que o Seu poder vem sobre aqueles que não apenas resistem a todo tipo de pecado e maldade, lutando contra eles ao ponto de derramar sangue, mas também executar os deveres que lhes foram dados por Deus. Em nome do nosso Senhor, eu oro!

Fé para Amar o Senhor Acima de Todas as Coisas

"Quem tem os meus mandamentos e lhes obedece,

esse é o que me ama.

Aquele que me ama

será amado por meu

Pai, e eu também o amarei

e me revelarei a ele."

(João 14:21)

Da mesma maneira que subimos uma escada degrau por degrau, devemos amadurecer nossa fé de nível em nível até que alcancemos a completa medida dela. 1 Tessalonicenses 5:16-18 diz: *"alegrem-se sempre. Orem continuamente. Dêem graças em todas as circunstâncias, pois esta é a vontade de Deus para vocês em Cristo Jesus."* A medida da obediência das pessoas a essa ordens varia de acordo com a medida de sua fé individual.

Se estamos no segundo nível de fé, sentimo-nos muito mais desanimados que alegres e gratos, quando enfrentamos problemas e provações, pois a força suficiente para viver completamente pela Palavra de Deus ainda não nos foi dada. Mas, quando entramos no terceiro nível da fé e nos livramos dos pecados, lutando contra eles a ponto de derramar nosso sangue, então ficamos alegres, cheios de gratidão, quando diante de situações difíceis.

De vez em quando, mesmo estando no terceiro nível, quando nos encontramos diante de problemas realmente sérios, podemos ficar um pouco duvidosos e céticos ou, de alguma forma, podemos 'forçar' nossa alegria e gratidão; e isso acontece quando não entendemos completamente o coração de Deus.

No entanto, se permanecemos firmes na rocha da fé que é alicerçada ainda mais profundamente no terceiro nível da fé, ficamos de fato felizes e gratos de coração, não importando o que estivermos porventura enfrentando. Já no quarto nível, a alegria e a gratidão sempre transbordam em nosso coração. Portanto, neste nível, a possibilidade de ficarmos tristes ou nervosos em tribulações é praticamente nenhuma; o que fazemos é refletir humildemente perguntando a nós mesmos: 'Será que eu fiz algo errado?'. Conseqüentemente, qualquer um que alcança o quarto nível de fé, no qual somos capacitados a amar o Senhor acima de todas as coisas, prospera em tudo o que faz.

1. O Quarto Nível da Fé

Quando os crentes dizem: "Eu te amo, Senhor", na verdade, a confissão daqueles que estão no segundo ou terceiro níveis de fé é bem diferente daqueles que já estão no quarto. Isso acontece porque o coração que ama o Senhor moderadamente é um e o que O ama acima de todas as coisas é outro. Assim como Provérbios 8:17 nos promete: *"Amo os que me amam, e quem me procura me encontra"*, aqueles que amam o Senhor acima de todas as coisas podem receber o que pedirem.

Amando o Senhor acima de todas as coisas

Os patriarcas da fé que amaram a Deus acima de todas as coisas foram cheios de alegria transbordante e gratidão sincera, mesmo quando sofreram sem ter feito nada de errado. O profeta Daniel, por exemplo, deu graças a Deus com fé e orou a Ele, mesmo sabendo que seria jogado na cova dos leões por causa dos planos de homens maus.

Deus agradou de sua fé, mandou-lhe anjos para fechar as bocas dos animais, e protegeu Daniel. Como resultado, Daniel glorificou intensamente a Ele (Daniel 6:10-27).

Em uma outra vez, os três amigos de Daniel confessaram sua fé em Deus ao Rei Nabucodonosor, mesmo sabendo que seriam jogados na fornalha ardente, se não se prostrassem em adoração a uma imagem de ouro.

Em Daniel 3:17,18, eles confessam: *"Se formos atirados na fornalha em chamas, o Deus a quem prestamos culto pode livrar-nos, e ele nos livrará das tuas mãos, ó rei. Mas, se ele não nos livrar, saiba, ó rei, que não prestaremos culto aos teus deuses nem adoraremos a imagem de ouro que mandaste erguer"*.

Eles confiaram plenamente em Deus, cujo poder faz todas as coisas serem possíveis, e confessaram firmemente que estavam prontos para entregar suas vidas pelo Deus a que serviam, mesmo se Ele não os salvasse da fornalha.

Foram fiéis aos seus deveres sem desejar nada em troca e não reclamaram a Deus, embora enfrentando uma situação profundamente ameaçadora que requeria suas próprias vidas, praticamente sem nenhuma razão. Eles puderam se regozijar e dar graças a Deus porque sabiam que iriam para o céu, para os braços de seu amado Pai, se fossem queimados. Por causa da confissão de sua fé, Deus os protegeu e nenhum fio de cabelo sequer foi consumido pelo fogo. Diante desta miraculosa visão, o rei então, muito impressionado, glorificou a Deus e deu uma posição ainda maior a Daniel e a seus amigos em seu reino.

Consideremos o exemplo de Paulo e Silas. Eles foram severamente açoitados e jogados em uma prisão escura, quando viajavam de lugar a lugar para pregar o evangelho. Mas à noite, enquanto louvavam e davam graças ao Senhor, um terremoto começou de repente e as portas da prisão se abriram (Atos 16:19-26).

Suponhamos que, por razões injustas, acabamos de sofrer como os patriarcas da fé sofreram. Será que seremos capazes de nos regozijar e dar graças a Deus, do fundo do nosso coração? Se nos vemos ficando tristes, com raiva ou nervosos, então devemos admitir que estamos bem longe da rocha da fé. Quando vamos para além da rocha da fé, sempre nos alegramos e sentimos gratidão, independentemente dos problemas por que estamos passando porque entendemos sobre a providência de Deus. Se estamos sob dor de sofrimentos injustos, deve haver alguma razão para tal, mas por sermos capazes de, com a ajuda do Espírito Santo, localizar exatamente a tal razão, podemos nos regozijar e agradecer.

E Davi, o maior Rei de Israel? Por conta da rebelião de seu filho, Absalão, o Rei Davi foi destronado e viveu sem lar e sem comida. Além de sua abdicação, Davi também foi apedrejado e amaldiçoado por um plebeu chamado Simei. Um dos servos de Davi lhe pediu que Simei fosse morto, mas ele recusou dizendo: *"Deixem-no em paz! Que amaldiçoe, pois foi o SENHOR que mandou fazer isso"* (2 Samuel 16:11).

Davi nunca pronunciou uma palavra sequer de reclamação durante suas provações. Ele se apoiava no Deus de amor e de confiança e permanecia firme em sua fé. Foi no meio de suas tribulações, inclusive, que Davi foi capaz de escrever lindas palavras de paz e louvor, como as que podemos ver no Salmo 23.

Dessa forma, Davi acreditou que Deus sempre trabalhava em seu favor, pois entendia a Sua vontade e sempre Lhe agradecia e derramava lágrimas de alegria,

Depois que Davi passou por tribulação, ele se tornou o rei que mais amou a Deus. Ele foi capaz de fazer Israel tão poderoso, que os países vizinhos lhe pagavam impostos. Quando Deus viu a fé de Davi, Ele trabalhou em todas as coisas de modo a favorecer e abençoar o rei.

Obedeçamos ao Senhor com alegria e grande amor

Suponhamos que um homem e uma mulher estão quase se casando. Estão muito apaixonados e sentem que poderiam até entregar suas vidas por amor ao outro. Cada um deles quer dar ao outro o que pode e agradar como pode.

Querem estar juntos o máximo possível. Se estiverem caminhando na neve ou debaixo de uma forte tempestade, não se importam com o frio e, se ficarem a noite toda no telefone, não se sentem cansados ou exaustos no dia seguinte.

O mesmo acontece se amamos ao Senhor acima de todas as coisas. Se O amamos da mesma maneira que um casal se ama, quando está para casar, e temos um coração constante, então estamos no quarto nível da fé. Mas, como podemos mostrar esse amor por Deus? Como o Senhor mede o nosso amor por Ele?

Jesus nos diz em João 14:21: *"Quem tem os meus mandamentos e lhes obedece, esse é o que me ama. Aquele que me ama será amado por meu Pai, e eu também o amarei e me revelarei a ele"*.

Se amamos a Deus, devemos obedecer a Seus mandamentos; essa é a evidência de nosso amor pelo Senhor. Se O amamos verdadeiramente, Deus nos ama de volta e o Senhor estará conosco nos dando provas de Sua presença. Contudo, se não obedecemos aos mandamentos de Deus, é difícil recebermos o favor, a aprovação, e as bènçãos do Pai.

Será que amamos ao Senhor, verdadeiramente? Se amamos, com certeza obedecemos às suas ordems e O adoramos em espírito e em verdade. Nunca ficaremos com sonolência, enquanto estivermos no culto, ouvindo a pregação. Como podemos dizer que amamos alguém, se dormimos enquanto ele/a fala conosco? Se amamos uma pessoa de verdade, só o fato de ouvir a sua voz já é motivo de grande alegria.

Da mesma forma, se amamos a Deus de verdade, ficamos absolutamente alegres quando ouvimos sua Palavra. Se nos sentirmos sonolentos ou entediados, está claro que não amamos a Deus. 1 João 5:3 nos lembra: *"Porque nisto consiste o amor a Deus: em obedecer aos seus mandamentos. E os seus mandamentos não são pesados"*.

De fato, para aqueles que amam a Deus, não é difícil obedecer aos seus mandamentos. Portanto, podemos obedecer a eles, se tivermos fé e verdadeiramente amarmos ao Pai. Obedecemos àquilo que nos é ordenado em fé e com amor do fundo do nosso coração, ao invés de fazê-lo contra a nossa vontade ou com um sentimento de que é uma coisa pesada.

Quando entramos no quarto nível da fé, obedecemos toda a Palavra de Deus com alegria porque O amamos tanto (do mesmo jeito que um casal se ama e quer dar um ao outro o que for pedido) que fazemos tudo o que Ele nos pede.

O mal não pode nos prejudicar

Aqueles que amam ao Senhor acima de todas as coisas tornam-se completamente santificados pela total obediência à Palavra, como podemos ver em 1 Tessalonicenses 5:21,22: *"mas ponham à prova todas as coisas e fiquem com o que é bom. Afastem-se de toda forma de mal"*.

Como Deus nos recompensa, quando não apenas nos livramos dos nossos pecados, lutando contra eles a ponto de derramar sangue, mas também nos livramos de todo tipo de maldade? Como Ele mostra a evidência de Seu amor por nós? Deus faz muitas promessas de bênçãos para aqueles que alcançam a santidade e pureza, pois Ele nos recompensa de acordo com o que plantamos e fazemos.

Primeiramente, 1 João 5:18 nos diz: *"Sabemos que todo aquele que é nascido de Deus não está no pecado; mas aquele que nasceu de Deus, Ele o protege, e o Maligno não o atinge"*. Devemos nascer de Deus. Seremos pessoas espirituais, quando pararmos de cometer pecados, por lutarmos para viver segundo a Palavra de Deus e os derrotamos lutando

contra eles, a ponto de derramar sangue. Assim, o inimigo não pode mais nos prejudicar, porque Deus nos mantém seguros.

Em segundo lugar, 1 João 3:21, 22 promete: *"Amados, se o nosso coração não nos condenar, temos confiança diante de Deus e recebemos dele tudo o que pedimos, porque obedecemos aos seus mandamentos e fazemos o que lhe agrada."* O nosso coração não nos condena, quando agradamos a Deus não apenas obedecendo aos seus mandamentos, mas também nos livrando de todo tipo de maldade.

Temos confiança diante de Deus e recebemos Dele o que quer que pedirmos, como Ele nos promete. E Ele não mente nem muda; Ele cumpre tudo que fala e todas as suas promessas (Números 23:19). Logo, Ele nos dá qualquer coisa que Lhe pedimos, se O amamos acima de todas as coisas e nos santificamos.

Mesmo quando eu era recém-convertido, sentia-me de certa forma desapontado, quando as mensagens ou os cultos de louvor eram curtos, pois queria saber mais sobre a vontade de Deus e receber a Sua graça. Pude atingir a completa medida da fé em um curto período de tempo, porque fiz de tudo para viver segundo a Palavra logo que Ela me ia sendo revelada.

Conseqüentemente, hoje estou oferecendo todas as coisas diante de Deus, até mesmo a minha própria vida, todo o meu coração e mente, e vivo apenas pela Palavra, a fim de amá-Lo acima de todas as coisas e agradá-Lo. Mesmo entregando a Ele tudo o que tenho, sempre quero poder dar-Lhe mais. E depois que lhes ensinei a viver nesse caminho, minha esposa e minhas filhas também têm se devocionado ao Senhor. Se nos sentimos pesados ao levar nossa vida cristã, entretanto é necessário que entendamos que devemos ser sedentos pela Palavra de Deus, tentar adorá-Lo em espírito e em verdade, e fazer de tudo para viver apenas pelo que Ele nos diz na Bíblia.

2. A Nossa Alma Vai Bem

As pessoas no quarto nível da fé sempre vivem pela Palavra, como dizem, de todo o coração, porque sempre perguntam: "O que devo fazer para agradar a Deus?" e as obras de obediência certamente seguem sua sincera confissão de fé. Isso tudo é porque elas amam a Deus acima de todas as coisas.

Ele promete a tais pessoas em 3 João 1:2: *"Amado, oro para que você tenha boa saúde e tudo lhe corra bem, assim como vai bem a sua alma."* O que significa "vai bem a sua alma"? Que tipo de bênção é dada?

A nossa alma vai bem

Quando o homem foi criado, Deus soprou sobre ele o fôlego da vida e ele se tornou um espírito vivo. Ele consistia de espírito, através do qual podia se relacionar com Deus; alma, controlada pelo espírito; e corpo, no qual o espírito e a alma habitava. Podia viver eternamente como um espírito vivente (Gênesis 2:7; 1 Tessalonicenses 5:23).

Portanto, a pessoa cuja alma vai bem pode controlar todas as coisas e viver eternamente, assim como o primeiro homem, Adão, se comunicava com Deus e obedecia completamente à Sua vontade.

Entretanto, ao desobedecer à ordem de Deus, Adão perdeu todas as bênçãos que Ele lhe tinha dado. Deus tinha dito a ele: *"Coma livremente de qualquer árvore do jardim, mas não coma da árvore do conhecimento do bem e do mal, porque no dia em que dela comer, certamente você morrerá"* (Gênesis 2:16,17). Adão desobedeceu à ordem de Deus e comeu da árvore do conhecimento. No fim, seu espírito – através do qual ele podia se relacionar com Deus – morreu e ele foi expulso do Jardim do Éden.

Quando digo "seu espírito morreu" não significa que o espírito de Adão tornou-se extinto, mas que perdeu sua capacidade original. O espírito deveria fazer o papel de mestre, mas a alma tomou o seu lugar. O primeiro homem, Adão, como um espírito vivente, se comunicava com Deus que é Espírito.

Mas o espírito de Adão morreu por causa de sua desobediência e, como resultado, ele não pôde mais se comunicar com Deus. Desse modo, ele se tornou um homem de alma, que, por sua vez, se tornou sua "mestra" ao invés do espírito.

"Alma" se refere à memória em nosso cérebro, assim como também a toda sorte de memória e pensamento pelos quais a memória armazenada é reproduzida. Um homem de alma significa que ele não mais depende de Deus, mas confia no conhecimento humano e na teoria. Através do trabalho constante de Satanás sobre o pensamento do homem – a alma – a injustiça e a maldade governam o mundo. As pessoas se tornam mais manchadas de pecado e corrompem uma geração após a outra.

O primeiro homem, como um homem de espírito e também o senhor de todas as coisas, desfrutava da vida eterna, porque seu espírito era seu mestre e ele podia se comunicar com Deus. Quando a escuridão penetrou em seu coração, que outrora era cheio somente de verdade, através da desobediência ele, gradualmente, ficou sob o controle de Satanás, o governador das forças da escuridão.

Como conseqüência, os descendentes do desobediente Adão se tornaram como os animais, os quais consistem de alma e corpo, sem espírito. Passaram a viver todos os tipos de inverdade como a mentira, o adultério, o ódio, o assassinato, a inveja e tudo mais que vai contra a Palavra de Deus (Eclesiastes 3:18).

Todavia, o Deus de amor abriu o caminho da salvação, através de Seu Filho Jesus Cristo, e deu o Espírito Santo como um dom a qualquer um que aceitasse Jesus Cristo, para que seu espírito morto pudesse reviver. Qualquer um que receber o Espírito Santo como um dom de Deus, aceitando Jesus Cristo, terá seu espírito morto reavivado. Além disso, se a pessoa permitir que o Espírito Santo dê vida ao espírito que tem dentro de si, ela gradativamente se tornará um homem de espírito.

Tal pessoa pode desfrutar de todas as bênçãos, da mesma maneira que Adão desfrutou como um espírito vivente, pois sua alma vai bem, o que quer dizer que o seu espírito é o mestre e agora sua alma lhe obedece. Esse é o processo de crescimento da nossa fé e o processo para a nossa alma ir bem.

Quando aceitamos Jesus Cristo e recebemos o Espírito Santo, encontramo-nos no primeiro nível da fé. Podemos então nos firmar sobre a rocha da fé e viver somente pela Palavra, através de uma luta travada entre o nosso espírito seguindo o desejo do Espírito Santo, e a nossa alma seguindo o desejo da natureza pecaminosa. Se alcançarmos o quarto nível, tornar-nos-emos santos e refletiremos o Senhor, pois o nosso espírito se tornará o mestre.

Nosso espírito controla a nossa alma

Quando o nosso espírito governa a nossa alma como mestre e a nossa alma obedece a tal governo como serva, podemos dizer que "nossa alma está indo bem". Logo, naturalmente refletiremos o coração e as atitudes do Senhor, como Filipenses 2:5 nos diz: *"Seja a atitude de vocês a mesma de Cristo Jesus".*

Quando o nosso espírito controla a nossa alma, o Espírito Santo controla 100% o nosso coração, pois a palavra da Verdade de Deus rege o nosso coração e, conseqüentemente, nós paramos de confiar em nossos próprios pensamentos. Ou seja, podemos obedecer completamente à Palavra de Deus, porque demolimos todos os tipos de pensamentos carnais e o nosso coração se tornou cheio de verdade.

Dessa maneira, quando nos tornamos homens de espírito e somos guiados pelo Espírito Santo, podemos escapar de qualquer tipo de tribulação ou provação e nos mantermos livres de perigo em qualquer circunstância. Mesmo se um desastre natural ou um acidente inesperado acontecer, por exemplo, já teremos ouvido a voz do Espírito Santo nos alertando para sairmos daquele lugar e sermos mantidos em segurança.

Assim sendo, quando a nossa alma vai bem, entregamos todos os nossos caminhos a Deus com um coração obediente. Ele então governa o nosso coração e pensamento, guia-nos em todos os caminhos e nos abençoa com boa saúde.

Sobre isso, Deuteronômio 28 diz:

Todas essas bênçãos virão sobre vocês e os acompanharão, se vocês obedecerem ao SENHOR, o seu Deus: "Vocês serão abençoados na cidade e serão abençoados no campo. Os filhos do seu ventre serão abençoados, como também as colheitas da sua terra e os bezerros e os cordeiros dos seus rebanhos. A sua cesta e a sua amassadeira serão abençoadas. Vocês serão abençoados em tudo o que fizerem (Deuteronômio

28:2-6).

Portanto, aqueles que obedecem à Palavra de Deus, porque sua alma vai bem, não apenas receberão a vida eterna no céu, mas também desfrutarão de todos os tipos de bênçãos em sua saúde, vida material e posteridade, até mesmo neste mundo.

Tudo irá bem conosco

José, filho de Jacó, se viu em uma situação desesperadora: seus próprios irmãos o venderam, quando ele era jovem e ele foi levado para o Egito, onde foi aprisionado e desonrado sem ter feito nada de errado.

Apesar das situações difíceis, José não desanimou, mas se comprometeu com o conduzir do Deus Todo Poderoso. Devido à sua grande fé, o próprio Deus fez todas as coisas a favor de José e lhe preparou tudo de que precisava. Como resultado, todas as coisas foram bem com José; ele foi grandemente honrado ao se tornar o primeiro ministro do Egito.

Portanto, apesar de José ter sido levado para o Egito em sua juventude e escravizado por um egípcio, no fim ele se tornou uma autoridade no Egito e pôde salvar tanto a sua família como todo o povo de sete anos de seca.

Hoje, há mais de seis bilhões de pessoas na terra. Entre elas, mais de um bilhão acreditam em Jesus Cristo. Dentre esse um bilhão, se há filhos de Deus que são inocentes e imaculados, como eles serão amáveis a Deus! Ele está sempre com eles e os abençoa em todos os seus caminhos. Quando as dificuldades os esperam, Ele lhes diz em seu coração para escaparem delas ou os leva a orar.

Ao levá-los a orar, Deus recebe sua oração e eles se livram delas porque Deus é justo.

Alguns anos atrás, fui convidado para pregar em uma Conferência de Evangelização em Los Angeles. Antes de minha partida, senti uma forte vontade de Deus de orar pela referida Conferência e então me concentrei em um monte de oração e orei ali por duas semanas. Não sabia por que Deus tinha me tocado tão forte para orar pela conferência até chegar em Los Angeles.

Satanás e seus demônios haviam instigado pessoas a impedirem a conferência de acontecer e o evento quase foi cancelado. Depois de ouvir minhas orações e as dos membros da minha igreja, Deus destruiu os planos do inimigo com antecedência.

Assim, quando cheguei a Los Angeles, encontrei todas as coisas prontas para a conferência e pude fazer tudo sem nenhuma dificuldade. Eu ainda pude dar glórias e mais glórias a Deus, através da oportunidade que tive de dar a bênção final ao Conselho da Cidade de Los Angeles e ao ser o primeiro coreano a receber cidadania honorária de seu governo.

Dessa maneira, aquele, cuja alma está indo bem, confia todas as coisas a Deus. Quando confiamos todas as coisas a Deus em oração, sem dependermos dos nossos pensamentos, vontades ou planos, Deus supervisiona a nossa mente e nos guia de maneira que tudo vá bem conosco.

Mesmo se nos dermos de cara com algum problema, Deus trabalha em todas as coisas para o nosso bem e damos graças a Ele porque acreditamos firmemente que Ele permitiu que isso nos acontecesse, de acordo com a Sua vontade. De vez em quando, inclusive, podemos até enfrentar tribulações porque fizemos algo de acordo com o nosso próprio coração sem dependermos de Deus, mas, ainda assim, Deus nos ajuda imediatamente, quando percebemos que erramos e nos arrependemos.

Totalmente controlados pelo Espírito Santo

Quando estamos sobre a rocha da fé, todos os tipos de dúvidas vão embora e nós acreditamos profundamente na existência de Deus e Suas obras como a ressurreição do Senhor e a Sua volta, a criação das coisas a partir do nada, e a Sua resposta às nossas orações.

Portanto, seja qual for o problema ou tribulação, tudo o que fazemos é nos regozijarmos e dar graças a Deus, pois nunca duvidamos em descrença. Todavia, o Espírito Santo ainda não controla nosso coração 100%, porque ainda não alcançamos a completa medida de santificação. Algumas vezes, não conseguimos dizer precisamente o que ouvimos do Espírito e nos tornamos confusos por causa de alguns pensamentos carnais que ainda estão em nossas mentes.

Suponhamos que estejamos orando por um negócio que estamos querendo abrir. Achamos um e começamos a administrá-lo, achando que tudo foi resposta de Deus. A princípio, o negócio parecia ter tudo para dar certo, mas depois começa a ficar cada vez pior. Então percebemos que não ouvimos a voz do Espírito Santo, mas que agimos com o nosso próprio modo de pensar.

Portanto, aqueles que estão sobre a rocha da fé, na maioria dos casos são bem-sucedidos, porque entendem a Verdade e vivem pela Palavra; contudo, ainda não têm perfeita fé, uma vez que ainda não entraram no nível onde podem confiar realmente todas as coisas a Deus e esperar somente Nele.

Como são as pessoas que se encontram no quarto nível da fé? Se estamos no quarto nível da fé, o nosso coração já se transformou em verdade, nossa vida é de acordo com a Palavra de Deus e a verdade foi integrada ao nosso corpo e coração. O nosso coração mudou-se para o espírito e agora o nosso espírito governa completamente a nossa alma. Portanto, não vivemos mais de acordo com nossos próprios pensamentos, porque o Espírito Santo governa 100% o nosso coração. Então podemos prosperar em tudo que fazemos e Deus nos guia quando obedecemos a Ele, ao seguirmos a direção do Espírito Santo.

Uma vez que oramos e realizamos algumas coisas, podemos ser guiados ao caminho de prosperidade e sucesso sem cometer nenhum erro esperando a supervisão total do Espírito Santo. Gênesis 12 nos lembra que Abraão obedeceu a Deus e deixou sua terra natal assim que Ele o ordenou que fizesse, mesmo sem ter nenhuma idéia para aonde ir. Mas como foi obediente à vontade de Deus, foi abençoado de modo a se tornar o patriarca da fé e amigo de Deus.

Portanto, não temos nada com que nos preocupar, quando Deus governa nossos caminhos. Podemos desfrutar de Suas bênçãos em tudo o que fizermos, quando confiamos Nele e O seguimos por sabermos que Ele está conosco.

Perfeitas obras de obediência

Se entramos no quarto nível da fé, obedecemos com alegria a todas as ordens de Deus, porque O amamos acima de todas as coisas. Não Lhe obedecemos sem vontade ou forçadamente, mas sim livremente e sinceramente porque O amamos.

Deixe-me usar um exemplo para ajudá-los a entender isso melhor. Suponhamos que temos uma grande dívida e, se não a pagarmos, seremos punidos de acordo com a lei. Pior, imaginemos que um membro da nossa família esteja precisando de uma cirurgia imediata. Ficaremos desesperançosos, se não tivermos dinheiro em tal situação de vida ou morte.

Como, então, reagiremos se encontrarmos uma grande pedra de diamante na rua por um acaso? Nossa resposta irá variar de acordo com a medida da nossa fé.

Se estivermos no primeiro nível para receber apenas a salvação, podemos pensar: 'Com isso, posso pagar minha dívida e as despesas médicas.' Isso é porque não conhecemos bem a Palavra de Deus ainda. Olhamos ao nosso redor para ver se não há ninguém por perto, e, não havendo, pegamos a pedra.

Se estivermos no segundo nível de fé, no qual estamos tentando viver pela Palavra de Deus, poderemos ter uma guerra espiritual entre o desejo da natureza pecaminosa dizendo: "Essa é a resposta de Deus à minha oração", e o desejo do Espírito Santo dizendo: "Não, isso é roubo. Você deve devolver isso ao seu dono."

A princípio podemos hesitar e nos questionar se deveríamos pegar o diamante ou levá-lo para a polícia, mas, no fim, acabamos por colocá-lo em nosso bolso porque a presença do mal é mais forte que a presença do bem em nós. Se não tivéssemos nenhuma dívida ou não estivéssemos em uma situação tão urgente, poderíamos até hesitar por um momento, mas acabaríamos levando a pedra para a polícia. Entretanto, a maldade dentro de nós pode eventualmente derrotar a bondade por nos encontrarmos em uma situação bastante desesperadora.

Se estamos, pois, no terceiro nível da fé ou sobre a rocha da fé, seguindo o desejo do Espírito Santo, levaremos o diamante à polícia, porque queremos entregá-lo ao seu proprietário. Todavia podemos pensar em nosso coração: "Eu podia ter pagado toda a minha dívida e ainda pagado a operação!". A nossa obra, logo, não é perfeita porque o desejo da inverdade ainda está dentro de nós.

Como agiríamos em uma situação tão engenhosa, se não estivéssemos no quarto nível de fé? Nunca pensamos nos nossos próprios desejos, mesmo ao ver algo tão precioso, pois não temos inverdade em nossos corações e esse tipo de idéia de maldade nunca passa pela nossa mente.

Pelo contrário, sentimo-nos tristes pelo dono do diamante, pensando: "Como ele deve estar triste agora! Aposto que está procurando por essa pedra em tudo quanto é lugar. Levá-la-ei agora mesmo à polícia!" Fazemos conforme pensamos e levamos o achado às autoridades.

Dessa maneira, se amamos ao Senhor acima de todas as coisas e estamos no quarto nível da fé, sempre obedeceremos à lei de Deus, tendo ou não alguém nos observando, pois a nossa vida segue tal lei. Nessa situação, não temos a necessidade de tentar distinguir a voz do Espírito Santo de qualquer outra coisa, como a nossa própria mente pecaminosa.

Antes de estarmos sobre a rocha da fé, muitas vezes nos encontramos em dificuldades por não ser fácil distinguir o nosso pensamento da voz do Espírito Santo; e, até quando estamos sobre ela, ainda corremos o risco de não fazer tal distinção corretamente.

Contudo, uma vez que atingimos a medida da fé do quarto

nível, não temos razão para nos sentir desesperados ou desesperançosos e então temos apenas que seguir a voz do Espírito Santo, pois é Ele quem controla nosso coração e mente cem por cento Além disso, quando nos encontramos neste nível, não confiamos no pensamento humano, sabedoria ou experiências, mas é o Senhor quem nos guia em todos os nossos caminhos. Como resultado, podemos desfrutar das bênçãos do Jeová Jiré (Deus da Provisão) e todas as coisas vão bem conosco.

3. Amando a Deus Incondicionalmente

Se estamos no quarto nível da fé, o nosso amor por Deus é incondicional. Proclamamos o evangelho ou fazemos a obra de Deus fielmente porque, sem nenhuma expectativa de receber bênçãos e respostas Dele, simplesmente consideramos tudo como um dever a ser cumprido. O mesmo ocorre quando servimos ao próximo com amor sacrificial. Não o fazemos esperando algum tipo de retribuição, porque o amamos muito.

Por um acaso os pais de uma criança lhe pedem alguma retribuição de seu amor? Nunca; amar é dar-se. Tais pais estão simplesmente gratos e alegres pelo fato de terem um filho a quem amam. Se há pais que querem que seus filhos lhes obedeçam ou sustentam seus filhos só para se gabarem, eles estão, então, esperando algo em troca de seu amor.

Semelhantemente, o filho não deseja nada de seus pais em retribuição ao amor que tem por eles, se esse amor vem de um coração verdadeiro. Quando cumpre seus deveres e faz o máximo para agradar seus pais, estes são obrigados a se perguntar: 'O que deveria dar a ele?'

Da mesma forma, se alcançamos a medida da fé na qual amamos o Senhor acima de todas as coisas, o único fato de termos recebido a graça da salvação é o bastante para nos levar a agradecer a Deus e, portanto, sentirmos que não há como pagar tamanha graça, o que nos faz inevitavelmente amar a Deus verdadeira e incondicionalmente.

Portanto, se temos fé para amarmos a Deus sob qualquer condição, então oramos, trabalhamos e servimos dia e noite ao reino de Deus e sua justiça, sem esperarmos nada em troca.

Amando a Deus com um coração constante

Em Atos 16:19-26, vemos que Paulo e Silas foram capturados e arrastados por um mercado, mesmo tendo feito boas obras como pregar o evangelho ao gentios e expulsar demônios. Eles foram despidos, severamente açoitados e jogados na prisão. Foram aprisionados com seus pés amarrados nas pedras. Se estivéssemos em seu lugar, o que teríamos feito?

Se estivéssemos no primeiro ou segundo nível da fé, provavelmente iríamos ter murmurado ou reclamado: "Deus, estás realmente vivo? Trabalhamos para Ti fielmente até agora. Por que nos permitiu ser presos?"

No terceiro nível da fé, provavelmente nunca teríamos pronunciado tais palavras, mas poderíamos ter orado em um tom um pouco deprimido: "Deus, O Senhor nos viu humilhados assim, enquanto espalhávamos o evangelho por Ti. Estou sentindo tanta dor! Por favor, cura-nos e nos tira daqui!"

Paulo e Silas, no entanto, deram graças a Deus e cantaram

louvores a Ele, mesmo se encontrando em uma situação desesperançosa e não tinham a mínima idéia do que lhes aconteceria. De repente, com um forte tremor de terra, as fundações da prisão foram abaladas, todas as portas se abriram e as correntes de todos se afrouxaram. Com esse milagre, inclusive, o zelador e sua família aceitaram o evangelho de Jesus Cristo e receberam a salvação.

Sendo assim, as pessoas no quarto nível da fé glorificam a Deus facilmente, porque têm forte fé com a qual oram e louvam a Deus com alegria, independente da tribulação ou provação.

Obedecendo a tudo com alegria

Em Gênesis 22, Deus ordena a Abraão que sacrifique seu único filho, Isaque, o filho da promessa de Deus, como oferta queimada a Ele. Uma oferta queimada se refere ao sacrifício oferecido a Deus, quando se cortava um animal em pedaços, colocava-o sobre uma madeira em cima do altar e o queimava.

Abraão levou três dias para chegar à região de Moriá, onde iria sacrificar Isaque, como obediência a Deus. O que você acha que passou pela sua cabeça durante a sua jornada?

Alguns dizem que Abraão foi até ali com seu pensamento em conflito: 'Será que eu devo obedecer-Lhe ou não?' Entretanto, esse não foi o caso. Devemos saber que as pessoas no terceiro nível da fé tentam amar a Deus, porque sabem que deveriam amá-Lo.

Todavia, as pessoas que estão no quarto nível, simplesmente O amam, sem ter que tentar amá-Lo. Deus já sabia que Abraão iria obedecer-Lhe com alegria e testou a sua fé. Contudo, Ele não permite tamanha provação a pessoas que ainda não são capazes de obedecer a Ele.

É por isso que Hebreus 11:19 comenta que: *"Abraão levou em conta que Deus pode ressuscitar os mortos e, figuradamente, recebeu Isaque de volta dentre os mortos"*. Abraão pôde obedecer a Deus com alegria, porque ele cria que Ele iria ressuscitar seu filho dos mortos. No fim, Abraão passou no teste e recebeu grandes bênçãos. Ele se tornou o patriarca da fé, abençoando todas as nações e ainda foi chamado "amigo de Deus".

Se somos o tipo de pessoa que obedece a Deus com alegria, então estamos sempre gratos e felizes sob qualquer circunstância. Não há outra coisa que possamos fazer senão agradecer profundamente a Deus e orar, pois sabemos que Deus trabalha em todas as coisas, para o nosso bem e nos abençoa através de provações e perseguições.

Deus agrada da nossa fé e nos dá o que pedimos. É por isso que Jesus nos diz em Mateus 8:13: *"Vá! Como você creu, assim lhe acontecerá"* e em Mateus 21:22: *"E tudo o que pedirem em oração, se crerem, vocês receberão"*.

Se ainda temos uma oração que não nos foi respondida, isso prova que ainda não confiamos totalmente em Deus, mas duvidamos. Portanto, devemos alcançar o estágio para amarmos a Ele incondicionalmente, obedecendo-Lhe com alegria do fundo do nosso coração, em qualquer circunstância.

Abraçando tudo com amor e misericórdia

O que faremos se alguém nos culpar ou acusar de algo sem nenhuma razão? Se estivermos no segundo nível da fé, não conseguiremos suportar tal situação e reclamaremos ou nos queixaremos dela. Além disso, se temos maldade em nossa mente, ficaremos nervosos e ainda insultaremos quem nos acusa. Entretanto, os crentes em Deus não devem ter nenhum tipo de sentimento como a raiva, a falta de paciência, ou uma linguagem abusiva, como dito em 1 Pedro 1:16: *"Sejam santos, porque eu sou santo".*

Se estamos no terceiro nível da fé, como reagiremos? Sentir-nos-emos inquietos e com dores, porque Satanás tem trabalhado contra nós incessantemente. Isso porque, mesmo quando pensamos em nossa mente que deveríamos estar alegres, na verdade estamos com pouca gratidão e alegria em nosso coração.

Se estamos no quarto nível de fé, a nossa mente não é abalada e não nos sentiremos aborrecidos, mesmo quando os outros nos odeiam ou perseguem sem motivo, pois já nos livramos de todo tipo de mal.

Jesus não se sentiu incomodado ou com dores, quando enfrentou perseguições, perigos, desgraças e tratamentos desdenhosos de outras pessoas, enquanto pregava o evangelho. Nunca disse nada como: "Não fiz nada que não fosse o bem e as pessoas más me perseguiram e até tentaram me matar. Estou muito angustiado". Ele não lhes disse nada que não fosse uma palavra de vida.

Quando estamos no quarto nível da fé, temos o coração do Senhor. Agora o que fazemos é lamentar por aqueles que nos perseguem, orando por eles ao invés de odiá-los, ou sentir hostilidade em relação a eles. Nós a eles perdoamos e entendemos, abraçando-os com amor e misericórdia.

Portanto, espero que você possa entender que nas mesmas

situações, pessoas que têm um temperamento difícil ou odeiam as outras, se sentem com dores ou deprimidas, enquanto outras que perdoam e as abraçam com amor e misericódia, não se sentem angustiadas e superam o mal com o bem.

4. Amando a Deus Acima de Todas as Coisas

Se alcançamos o nível para amar o Senhor acima de todas as coisas, nós obedecemos completamente aos seus mandamentos e nossa alma vai bem. É natural que amemos a Ele acima de tudo. É por isso que o apóstolo Paulo confessou em Filipenses 3:7-9 que ele considerava tudo o que tinha uma perda e que havia perdido tudo porque considerava tudo "esterco":

> *Mas o que para mim era lucro, passei a considerar como perda, por causa de Cristo. Mais do que isso, considero tudo como perda, comparado com a suprema grandeza do conhecimento de Cristo Jesus, meu Senhor, por quem perdi todas as coisas. Eu as considero como esterco para poder ganhar Cristo e ser encontrado nele, não tendo a minha própria justiça que procede da Lei, mas a que vem mediante a fé em Cristo, a justiça que procede de Deus e se baseia na fé.*

Quando amamos a Deus acima de todas as coisas

Jesus nos ensina através dos quatro Evangelhos sobre as bênçãos dadas àqueles que abrem mão de todas as coisas que têm e amam a Deus acima de tudo da mesma maneira que o apóstolo Paulo o fez. Ele nos promete em Marcos 10:29,30 que Ele nos daria cem vezes mais bênçãos neste mundo e na vida eterna.

Digo-lhes a verdade: Ninguém que tenha deixado casa, irmãos, irmãs, mãe, pai, filhos ou campos, por causa de mim e do evangelho, deixará de receber cem vezes mais, já no tempo presente, casas, irmãos, irmãs, mães, filhos e campos e, com eles, perseguição; e, na era futura, a vida eterna.

A parte que diz :"que tenha deixado casa, irmãos, irmãs, mãe, pai, filhos ou campos, por causa do Senhor e do Evangelho" significa espiritualmente que não temos mais o desejo por coisas mundanas, quebramos o vínculo com relações carnais e, acima de tudo, amamos a Deus, que é Espírito.

É claro que não significa necessariamente que não amamos outras pessoas na terra porque amamos a Deus primeiro. Sobre isso, 1 João 4:20,21 nos diz: *"Se alguém afirmar: 'Eu amo a Deus', mas odiar seu irmão, é mentiroso, pois quem não ama seu irmão, a quem vê, não pode amar a Deus, a quem não vê. Ele nos deu este mandamento: Quem ama a Deus, ame também seu irmão."*

As pessoas dizem que os pais concebem os corpos de seus filhos. O homem é formado no útero por uma combinação do espermatozóide do pai e um óvulo da mãe. Contudo, o espermatozóide e o óvulo dos pais são feitos por Deus, o Criador, e não pelos pais em si.

Além do mais, o corpo visível retorna ao pó depois que morre.

O corpo, na verdade, é apenas uma casa na qual habitam o espírito e a alma. O verdadeiro mestre do homem é o espírito e é o próprio Deus quem o controla. Logo, devemos amar a Deus mais que a qualquer outra coisa, se entendemos que somente Ele pode nos dar a verdadeira vida, a vida eterna.

Eu costumava viver à beira da morte, porque sofri de todos os tipos de doenças incuráveis por sete anos. Miraculosamente fui completamente curado, quando me encontrei com o Deus vivo. A partir daquele momento, tenho-O amado acima de todas as coisas e Ele tem me retribuído com muitas bênçãos.

Acima de tudo, fui perdoado de todos os meus pecados e recebi a salvação e vida eterna. Todas as coisas foram bem comigo e desfrutei de boa saúde, já que minha alma ia bem. Mais tarde, Deus me chamou para ser Seu servo e realizar a missão mundial dando-me poder.

Ele me revelou coisas que ainda estão por vir. Também me enviou muitos bons ministros e obreiros fiéis à igreja e permitiu que esta aumentasse exponencialmente em tamanho, para que eu atingisse a Sua providência.

Enquanto isso, Ele me abençoou para ser amado por membros da igreja e pessoas que ainda não conhecem a Deus. Ele tem levado a minha família a amá-Lo mais que tudo e, assim, a tem protegido completamente de todos os tipos de doenças e acidentes, desde que aceitaram o Senhor – nenhum deles tomou algum remédio ou foi hospitalizado. Dessa maneira, Deus tem me abençoado tanto, que nada me falta.

Executando o amor espiritual

Se amamos a Deus acima de todas as coisas, vivemos em abundância, pois Ele nos guia sob todas as circunstâncias e a verdadeira felicidade, que vem dos céus, enche completamente o nosso coração.

Como conseqüência, compatilhamos tal amor transbordante com os outros, porque o amor espiritual vem sobre nós. Podemos amar a todas as pessoas com um coração eternamente constante, porque não há maldade alguma em nossa mente.

O amor espiritual é explicado em 1 Coríntios 13:4-7:

> *O amor é paciente, o amor é bondoso. Não inveja, não se vangloria, não se orgulha. Não maltrata, não procura seus interesses, não se ira facilmente, não guarda rancor. O amor não se alegra com a injustiça, mas se alegra com a verdade. Tudo sofre, tudo crê, tudo espera, tudo suporta.*

Hoje em dia, há muitos conflitos, discórdias, disputas e discussões entre marido e mulher ou entre membros de família em muitos lares, porque não há amor espiritual entre tais pessoas. Há sempre brigas e não conseguem criar e manter um lar doce e em paz, porque todos dizem que somente ele ou ela está certo e quer ser amado.

No entanto, quando as pessoas passam a amar a Deus acima de todas as coisas, elas passam a possuir amor espiritual, expulsando o amor carnal. O amor carnal muda e procura seus próprios interesses, enquanto o espiritual, com uma mente humilde, coloca os outros em primeiro lugar e procura o benefício dos outros antes dos seus. Quando temos amor espiritual, nosso lar é certamente cheio de felicidade e harmonia.

Como de costume, somos perseguidos por membros de nossa família ou amigos que não acreditam em Deus, quando começamos a amá-Lo (Marcos 10:29,30). Entretanto, essa perseguição não dura. Se a nossa alma vai bem e alcançamos o quarto nível da fé, ela é transformada em bênçãos e os perseguidores passam a nos amar e aprovar.

2 Coríntios 11:23-28 descreve o quão severamente o apóstolo Paulo foi perseguido, enquanto pregava o evangelho pelo Senhor. Ele trabalhava mais para o Senhor do que qualquer outra pessoa, era aprisionado mais freqüentemente, severamente açoitado, e exposto à morte de novo e de novo. Ainda assim, Paulo dava graças e se alegrava ao invés de se sentir angustiado.

Da mesma forma, se alcançamos o quarto nível da fé no qual amamos a Deus acima de tudo, mesmo se estivéssemos caminhando no vale da sombra da morte, tal lugar seria o céu e a perseguição logo se transformaria em bênçãos porque Deus está conosco.

Em Mateus 5:11,12, Jesus nos diz: *"Bem-aventurados serão vocês quando, por minha causa, os insultarem, os perseguirem e levantarem todo tipo de calúnia contra vocês. Alegrem-se e regozijem-se, porque grande é a sua recompensa nos céus, pois da mesma forma perseguiram os profetas que viveram antes de vocês".*

Portanto, devemos entender que mesmo se as provações ou problemas vêm sobre nós por causa do Senhor, quando nos regozijamos e ficamos felizes, não apenas recebemos o amor, o reconhecimento, e a recompensa de Deus no céu, mas também recebemos cem vezes mais no tempo presente.

Os frutos do Espírito e as bem-aventuranças

Quando alcançarmos o quarto nível da fé, colheremos os nove frutos do Espírito em abundância e as bem-aventuranças começam a acontecer em nossas vidas. Gálatas 5:22,23 nos diz quais são os nove frutos do Espírito Santo: *"Mas o fruto do Espírito é amor, alegria, paz, paciência, amabilidade, bondade, fidelidade, mansidão e domínio próprio. Contra essas coisas não há lei."*

O fruto do Espírito Santo é o amor de Jesus Cristo que dá água ao inimigo, quando tem sede e o alimenta, quando tem fome. Quando colhemos o fruto da alegria, a verdadeira paz e a felicidade vêm sobre nós, porque buscamos e criamos somente a bondade e a beleza. Também ficamos em paz com todas as pessoas em santidade, quando colhemos o fruto da paz.

Além disso, oramos constantemente em gratidão e alegria com o fruto da paciência, mesmo quando estamos diante de sofrimentos e provações. Com o fruto da amabilidade, perdoamos coisas imperdoáveis, entendemos coisas que não entendíamos e tomamos conta dos outros, para que possam se tornar mais prósperos que nós mesmos. Com o fruto da bondade, livramo-nos de todo tipo de mal, procuramos pela linda bondade e não negligenciamos nem machucamos os sentimentos de outras pessoas.

Com o fruto da fidelidade, obedecemos completamente à Palavra de Deus e somos fiéis ao Senhor, ao ponto de entregarmos a nossa própria vida por ansiarmos pela coroa da vida. Com o fruto da mansidão, que é macia como algodão, podemos oferecer a outra face, quando alguém nos afronta e abraçar qualquer pessoa com amor e misericórdia.

Finalmente, com o fruto do domínio próprio, seguimos a ordem de Deus sem teimosia ou questionamentos e realizamos a vontade de Deus de uma maneira linda e harmônica.

Além disso, veremos as bem-aventuranças descritas em Mateus 5, que são imperecíveis, constantes e eternas, vindo sobre as nossas vidas.

Quando colhemos os frutos do Espírito Santo em abundância e as bem-aventuranças começam a vir sobre nossas vidas, ficamos então bem perto do quinto nível da fé, no qual podemos ser levados a um caminho próspero e receber rapidamente as coisas que estão, inclusive, só em nossas mentes.

A fim de alcançarmos o pico de uma montanha, devemos escalá-la passo a passo. No topo, sentimo-nos refrescantes e alegres, não importando o quão difícil foi a jornada. Agricultores trabalham duro com a esperança de que terão uma grande colheita, porque acreditam que vão colher de acordo com o que plantarem. Da mesma forma, podemos colher as bênçãos que Deus nos promete na Bíblia quando vivemos na verdade.

Que você possa possuir a fé para amar a Deus acima de todas as coisas, livrando-se dos seus pecados através da luta diligente contra eles e de uma vida segundo a vontade do Pai, em nome do nosso Senhor, eu oro!

Capítulo 8

Fé para Agradar a Deus

"Amados, se o nosso coração não nos condenar,

temos confiança diante de Deus

e recebemos dele tudo o que pedimos,

porque obedecemos aos seus mandamentos

e fazemos o que lhe agrada."

(1 João 3:21,22).

Os pais de uma criança ficam cheios de alegria e amor quando esta lhes obedece, respeita e os ama do fundo de seu coração. Eles não apenas dão a esse tipo de criança o que ela lhes pede, mas também tentam dar-lhe até aquilo que sabem que está em seu coraçãozinho, sem perguntar-lhe.

Da mesma forma, quando obedecemos e agradamos a Deus, recebemos Dele não só o que pedimos, mas também aquilo que desejamos em nosso coração, pois Ele se agrada muito com nossa fé e nos ama. De fato, nada é impossível, quando temos tal relacionamento com Deus.

Agora, vamos então aprofundar na fé que agrada a Deus e nas formas de obtê-la.

1. O Quinto Nível da Fé

A fé para agradar a Deus é maior que a de amá-Lo acima de todas as coisas. O que, então, é a fé para agradar a Deus? No nosso dia-a-dia podemos ver crianças que verdadeiramente amam aos seus pais e obedecem às suas vontades entendendo seus corações. Só quando entendemos a dimensão do amor com o qual podemos agradar a nossos pais é que podemos entender a fé que agrada a Deus.

Que tipo de amor pode agradar a Deus?

Em fábulas coreanas, existem os filhos, filhas e cunhadas obedientes, cujas obras de amor agradam a seus pais e até movem os céus. Uma história, por exemplo, é sobre um filho que cuida de sua mãe doente e já na idade avançada. Ele se esforça muito, em vão, para que sua mãe fique saudável.

Um dia, o filho ouviu dizer que sua mãe doente poderia ser curada, se ela bebesse sangue de seu dedo. Ele então cortou o seu dedo sem pensar duas vezes e deixou que ela bebesse dele. Sua mãe logo se recuperou. É claro que não há nenhuma evidência científica de que o sangue daquele homem pudesse revitalizar uma pessoa doente. No entanto, seu amor sacrificial e esforço moveram o coração de Deus e Ele deu-lhe a Sua graça, como diz um provérbio coreano: "A sinceridade move o céu".

Há também uma outra história de tocar o coração que é a de um filho que cuidava de seus pais doentes. Ele foi até as profundezas de uma montanha no meio do inverno, caminhando por entre a densa neve que ia até um pouco acima de seu joelho, para cavar e encontrar uma misteriosa e rara erva que ouviu dizer que faria bem para seus pais.

E há ainda uma outra história que é de um homem e sua mulher que serviam aos seus pais idosos fielmente, todos os dias, com boa comida, mesmo tendo que passar fome, eles e seus filhos.

E as pessoas do nosso tempo? Separam e escondem deliciosas comidas para darem a seus filhos, mas servem seus pais com grande relutância. Nunca poderíamos dizer que se trata do amor genuíno, se eles amam seus filhos, mas se esquecem da graça e amor de seus próprios pais. Aqueles que verdadeiramente amam a seus pais, servem-nos com boa comida, e podem até tentar esconder o fato de que seus próprios filhos estejam famintos. Será que sacrificaríamos a nós mesmos pelos nossos pais, desse jeito?

Assim sendo, devemos saber uma diferença óbvia entre o amor obediente com alegria e gratidão, e o amor que agrada aos pais. Não foi fácil encontrar crianças com amor para agradar a seus pais no passado e, hoje em dia, isso se tornou ainda mais difícil, pois o mundo tem transbordado pecados e maldades.

Tal amor é semelhante ao amor de mãe ou pai, o qual é considerado como o mais sublime e lindo amor. Mas mesmo minha mãe, que me amava muito, um dia me disse à medida que chorava amargamente: "Morra, e esse será o seu dever, meu filho", porque estava muito doente por anos e não havia esperança para uma recuperação.

No entanto, como o Deus de amor mostrou o Seu amor por nós! Não apenas nos deu o Seu único Filho para morrer na cruz e abrir o caminho da salvação e céus, mas também nos deu o Seu amor sem fim.

No meu caso, desde que me encontrei com Deus, sempre senti e percebi o Seu amor esmagador, o que me fez entendê-lo do fundo do meu coração e crescer rapidamente, até atingir a completa medida da fé. Eu passei a amá-Lo acima de todas as coisas e possuir a fé que Lhe agrada.

Possuindo a fé que agrada a Deus

No Salmo 37:4, Deus nos promete: *"Deleite-se no SENHOR, e ele atenderá aos desejos do seu coração"*. Se agradamos a Deus, Ele nos dá não apenas aquilo que pedimos ao orarmos, mas também aquilo que desejamos em nosso coração.

Quando estava para abrir minha igreja, tinha apenas mais ou menos U$10,00. Contudo, Deus me abençoou para que eu conseguisse alugar um lugar com quase 900 metros quadrados para fundar a igreja, quando orei em fé. Ele também deu à minha igreja grandes bênçãos e avivamentos em uma boa medida, calcada, sacudida e transbordante, quando eu orei com uma grande visão e um sonho de uma missão mundial desde o começo de tudo.

Da mesma maneira, tudo é possível para nós, quando temos a fé que agrada a Deus, pois Jesus nos lembra em Marcos 9:23: *"'Se podes?' Tudo é possível àquele que crê"*. E ainda, como mencionado em Deuteronômio 28, somos abençoados na nossa entrada e na nossa saída, emprestamos a muitos, mas não tomamos emprestado e o Senhor nos faz ser cabeça. Marcos 16 também fala que os sinais acompanharão os que crerem.

Jesus também nos promete bênçãos inimagináveis em João 14:12,13. Leiamos juntos esses versículos para ver quais são as bênçãos que nos seguirão, quando agradarmos a Deus em fé:

> *Digo-lhes a verdade: Aquele que crê em mim fará também as obras que tenho realizado. Fará coisas ainda maiores do que estas, porque eu estou indo para o Pai. E eu farei o que vocês pedirem em meu nome, para que o Pai seja glorificado no Filho.*

As bênçãos dadas a Enoque

Na Bíblia, podemos ver muitos patriarcas da fé que agradaram a Deus. Dentre eles, como Enoque, mencionado em Hebreus 11, agradou a Deus e que bênçãos ele recebeu?

> *Pela fé Enoque foi arrebatado, de modo que não experimentou a morte; 'e já não foi encontrado, porque Deus o havia arrebatado', pois antes de ser arrebatado recebeu testemunho de que tinha agradado a Deus. Sem fé é impossível agradar a Deus, pois quem dele se aproxima precisa crer que ele existe e que recompensa aqueles que o buscam (v. 5,6)*

Gênesis 5:21-24 retrata Enoque como aquele que agradou a Deus, porque foi santificado na idade de 65 anos e foi fiel em todas as coisas na casa de Deus. Enoque caminhou com Ele por 300 anos, compartilhando seu amor com Deus e não viu a morte, porque Ele o arrebatou. Enoque foi abençoado de forma tão abundante, que hoje habita ao lado do trono de Deus, amando-O ao máximo.

Semelhantemente, é possível sermos arrebatos aos céus sem conhecermos a morte, se possuirmos a fé que agrada a Deus. O profeta Elias não viu a morte, mas foi arrebatado porque testificava do Deus vivo e salvava muitas pessoas, mostrando-lhes incríveis obras de poder com a fé que agradava a Deus.

Você acredita que Deus existe e que Ele recompensa aqueles que intensamente O buscam? Se você possui tal fé, a única coisa que você faz é ser completamente santificado e entregar a sua vida para cumprir os deveres dados por Deus.

2. Fé para Sacrificar a Própria Vida

Jesus nos ordena em Mateus 22:37-40: *"'Ame o Senhor, o seu Deus de todo o seu coração, de toda a sua alma e de todo o seu entendimento'. Este é o primeiro e maior mandamento. E o segundo é semelhante a ele: 'Ame o seu próximo como a si mesmo'. Destes dois mandamentos dependem toda a Lei e os Profetas".*

Como Jesus diz, as pessoas que amam a Deus, agradam-lhe não apenas amando-O de todo seu coração e alma, mas também amando ao seu próximo e a elas mesmas. Podemos chamar essa fé que agrada a Deus de "fé de Cristo" ou "completa fé espiritual", pois esta fé é firme o bastante para entregarmos a nossa própria vida por Jesus Cristo.

A fé de sacrificar a Sua vida pela vontade de Deus

Jesus obedeceu completamente à vontade agradável de Deus. Foi crucificado na cruz, tornou-se o primeiro fruto da ressurreição e agora se senta ao lado do trono de Deus, porque Ele tinha a fé para se entregar, se sacrificar completamente, ao ponto de abrir mão de Sua própria vida em total obediência. Logo, Deus diz sobre Jesus: *"Este é o meu Filho amado, em quem me agrado"* (Mateus 3:17, 17:5) e *"Eis o meu servo, a quem escolhi, o meu amado, em quem tenho prazer. Porei sobre ele o meu Espírito, e ele anunciará justiça às nações"* (Mateus 12:18).

Durante a história da igreja, existiram muitos patriarcas da fé que abriram mão de suas vidas, como Jesus, pela vontade agradável de Deus. Além de Pedro, Tiago e João, que seguiram a Jesus a todo o tempo, muitos outros renunciaram suas vidas por Jesus Cristo, sem hesitação ou reservas. Pedro morreu na cruz, de cabeça para baixo; Tiago foi decapitado, João foi foi colocado dentro de um pote com óleo fervente de ferro, mas não morreu e foi expulso para a ilha de Patmos.

Ao louvarem a Deus, muitos cristãos em Colossenses, em Roma, morreram como presas de leões. Muitos outros agarraram em sua fé, vivendo em um cemitério subterrâneo, sem nunca verem a luz do sol. Deus se agradou com sua fé, pois viveram segundo as Escrituras ordenam, como podemos ver: *"Se vivemos, vivemos para o Senhor; e, se morremos, morremos para o Senhor. Assim, quer vivamos, quer morramos, pertencemos ao Senhor"* (Romanos 14:8).

Em 1992, minha narinas começaram a sangrar porque estava trabalhando demais sem dormir ou descansar. Quase todo o meu sangue parecia sair do meu corpo. Como resultado, fiquei logo em uma condição crítica. Fui perdendo a consciência gradualmente e fiquei à beira da morte.

Naqueles momentos, sentia que logo estaria nos braços de Jesus e não tinha nenhuma intenção de depender de tratamentos médicos. Nunca havia passado pela minha cabeça eu ir ao médico por causa do sangramento nasal. Não fui ao hospital nem depositei minha confiança em nenhum outro remédio mundano, mesmo cara a cara com a morte, pois acreditava em Deus Todo Poderoso, meu Pai. Minha família e os membros da minha igreja colocaram a minha vida completamente diante de Deus, e não do mundo ou de algum homem.

Mesmo inconsciente por causa do sério sangramento, o meu espírito dava graças a Deus pelo fato de que eu podia aconchegar-me aos braços de Jesus e ter a vida eterna. Minha única esperança era encontrar-me com o Senhor Jesus.

Entretanto, Deus, em uma visão, me mostrou o que aconteceria à minha igreja depois de minha morte. Algumas pessoas iriam permanecer ali e manter sua fé, mas muitas outras iriam retornar ao mundo, afastando-se de Deus e pecando contra Ele.

Vendo essas coisas, não pude descansar nos braços de Jesus. Pedi a Deus para me fortalecer, porque sentia grande tristeza em relação àqueles que iriam para o mundo. E então, com a ajuda de Deus, que me curou, eu me levantei da cama imediatamente e me sentei, embora minutos antes estivesse pálido e quase morrendo.

Depois que minha consciência voltou, pude ver muitos obreiros da igreja chorando de alegria. Como poderiam não ser tocados depois de experienciar a obra incrível e poderosa de Deus, de ressuscitar um morto?

Dessa maneira, Deus se agrada com aqueles que mostram sua fé de modo a entregar suas vidas e lhes responde rapidamente. Por conta dos mártires do início da igreja, o evangelho se espalhou rapidamente por todo o mundo. Até na Coréia o sangue de mártires ajudou um veloz alastrar do evangelho.

A fé de obedecer toda a vontade de Deus

1 Tessalonicenses 5:23 diz: *"Que o próprio Deus da paz os santifique inteiramente. Que todo o espírito, a alma e o corpo de vocês sejam preservados irrepreensíveis na vinda de nosso*

Senhor Jesus Cristo". Aqui, "o espírito irrepreensível" se refere
ao estado de realizar completamente o coração de Jesus Cristo e
também pode ser chamado de "espírito completo".

Um homem de espírito completo vive somente pela vontade
de Deus, porque pode sempre ouvir a voz do Espírito Santo e o
seu coração se torna a verdade em si, ao ter a Palavra de Deus.
Podemos nos tornar homens de espírito e possuir a atitude de
Jesus, quando estamos completamente santificados, deixando
para trás todo tipo de maldade, lutando contra o pecado que há
em nós.

Quando um homem espiritual se mantém alimentado da
Palavra de Deus, a verdade governa completamente não apenas o
seu coração, mas também toda a sua vida.

Podemos chamar esse tipo de fé de "fé completa" ou "perfeita
fé espiritual de Jesus Cristo". Podemos possuí-la, quando temos
uma coração sincero como descrito em Hebreus 10:22: *"Sendo
assim, aproximemo-nos de Deus com um coração sincero e
com plena convicção de fé, tendo os corações aspergidos para
nos purificar de uma consciência culpada, e tendo os nossos
corpos lavados com água pura".*

Todavia, isso não siginifica que podemos nos igualar a Jesus
Cristo, quando temos Seu modo de agir e fé. Suponhamos que
um filho respeite muito seu pai e tenta imitá-lo. Pode conseguir
parecer-se com ele em caráter ou personalidade, mas nunca
poderá ser seu pai.

A partir desse mesmo raciocínio, nunca poderemos ser o
mesmo que Jesus Cristo. Ele estabeleceu uma ordem espiritual em
Mateus 10:24,25, como podemos ver: *"O discípulo não está
acima do seu mestre, nem o servo acima do seu senhor. Basta*

ao discípulo ser como o seu mestre, e ao servo, como o seu senhor. Se o dono da casa foi chamado Belzebu, quanto mais os membros da sua família!"

E o relacionamento entre Moisés, que levou os israelitas para fora do Egito, e Josué, que sucedeu Moisés e levou seu povo a Canaã? Moisés dividiu o Mar Vermelho e fez surgir água da pedra, e Josué não fez menos que ele ao operar milagres de Deus: fez a correnteza do Rio Jordão parar em sua época de inundação, Jericó ruir e o sol e a lua pararem por quase um dia. Ainda assim, Josué não pôde ser superior a Moisés, que tinha falado face a face com Deus claramente e não através de mistérios.

Neste mundo, um estudante pode ser superior ao seu professor; mas, no espiritual, isso é impossível. O mundo espiritual só é compreensível com a ajuda de Deus e não com livros ou conhecimento mundano. Portanto, aquele que é espiritualmente disciplinado por um professor espiritual não pode ser superior a ele, que realiza e faz as coisas na graça de Deus.

Na Bíblia, Elias recebeu uma porção dobrada do espírito de Eliseu e operou mais milagres que ele. No entanto, foi menos que Eliseu, que foi arrebatado para o céu. No início da igreja primitiva, Timóteo fez muitas coisas para o Senhor Jesus, mas não pôde ser superior ao seu mestre, o apóstolo Paulo.

Como não há limites no mundo espiritual, ninguém pode entendê-lo completamente. Essa é a razão pela qual podemos aprender sobre ele apenas através dos ensinamentos de Deus e não por conta própria. O mesmo ocorre com o fato de não sabermos ao certo a profundidade do oceano ou os tipos de plantas e mamíferos que vivem no fundo dessas águas. Mas, ao mergulharmos, veríamos muitas plantas e peixes coloridos.

Veríamos os mistérios do oceano à medida que quiséssemos explorá-lo mais e mais. Assim, quanto mais entramos no mundo espiritual, mais aprendemos sobre ele.

O próprio Deus me ensinou e permitiu que eu entendesse o mundo espiritual, para que eu pudesse alcançar um nível mais profundo nele. Ele também me levou a ter experiências espirituais. Ele me guia e me ensina sobre a medida da fé detalhadamente e me usa para levar mais pessoas a alcançarem um nível mais fundo no mundo espiritual. Sabendo disso, sugiro que você se examine mais cuidadosamente e tente ter uma fé cada vez mais madura.

3. Fé para Manifestar Sinais e Maravilhas

Se temos a fé completa, uma vez que a verdade é completamente estabelecida em nosso coração, oramos sem cessar e fazemos de tudo para viver segundo à vontade agradável de Deus. Recebemos poder para salvar cada vez mais almas que, por sinal, Deus considera mais preciosas que o universo.

Por que Jesus foi crucificado? Ele queria salvar almas perdidas pelos caminhos do pecado e fazer delas filhas de Deus.

Por que Jesus disse: "Tenho sede", enquanto estava pendurado na cruz sangrando por horas debaixo de um sol escaldante? Através dessas palavras, Jesus não pediu que matássemos sua sede física, resultante do derramamento de Seu sangue, mas sim que aliviássemos sua sede espiritual, pagando o salário de Seu sangue. Tratava-se de um apelo intenso, para que salvássemos almas perdidas e as guiássemos aos Seus braços.

Salvando muitas pessoas com poder

Quando alguém alcança o quinto nível da fé, com a qual ele agrada a Deus, ele sempre se pergunta: 'Como posso levar muitas pessoas aos braços do Pai? Como posso expandir o reino de Deus e Sua justiça?' e faz realmente o seu melhor para realizar tais coisas. Logo, ele tenta agradar a Deus cumprindo seus deveres, os deveres que Deus lhe confiou.

No entanto, mesmo um indivíduo dedicado como este não pode agradar a Deus sem receber poder, pois, como somos lembrados em 1 Coríntios 4:20: *"Pois o Reino de Deus não consiste de palavras, mas de poder"*.

Como podemos receber o poder para levar muitas pessoas ao caminho da salvação? Podemos recebê-lo somente através de oração incessante, pois salvar almas não é realizado pelo nosso falar, conhecimento, experiências, reputação ou autoridade, mas apenas pelo poder dado por Deus.

Assim sendo, aqueles que se encontram no quinto nível de fé devem permancer orando para receber o poder com o qual se tornarão capazes de salvar o maior número de almas possível.

O reino de Deus é uma questão de poder

Certa vez conheci um pastor que além de ser manso em seu coração, também tentava cumprir seu dever e orar para viver pela Palavra de Deus. No entanto, não colhia a quantidade de frutos que esperava. Por quê? Se ele realmente tivesse amado a Deus, ele deveria ter submetido toda a sua mente, vontade, vida e até sua sabedoria a Deus, mas ele não o fez. Ele deveria ter percebido que, ao invés de deixar que Deus o guiasse, ele ainda estava sendo o mestre de sua vida.

Deus não podia trabalhar por ele, porque ele não dependia Dele completamente, mas dependia de seu próprio conhecimento e pensamentos. Portanto, ele não pôde manifestar a obra de Deus que está além da habilidade humana, embora visse o resultado de seus esforços.

Assim, devemos orar, ouvir a voz do Espírito Santo e ser supervisionados por Ele, ao invés de depositarmos nossa confiança no pensamento, conhecimento e experiência humana, quando fazemos o ministério de Deus. Somente quando nos tornamos pessoas de Verdade e somos completamente supervisionados pelo Espírito é que vamos vivenciar as obras miraculosas manifestadas com o Seu poder vindo do alto.

Quando depositamos nossa confiança no raciocínio e na teoria humanas, mesmo achando que conhecemos a Palavra de Deus, orando e fazendo o nosso melhor para cumprirmos o dever que nos foi dado, Deus não está conosco, porque tal atitude é arrogante aos Seus olhos. Devemos, pois, nos livrar totalmente da natureza pecaminosa, orar fervorosamente para sermos perfeitas pessoas espirituais, e pedir pelo poder de Deus, percebendo o porquê de Paulo ter confessado: "Eu morro todos os dias".

Se orarmos na inspiração do Espírito Santo

Todos que aceitaram ao Senhor Jesus devem orar, porque orar é a respiração espiritual. O conteúdo da oração difere, entretanto, de acordo com os diferentes níveis da fé. Uma pessoa que está no primeiro ou no segundo nível ora principalmente por ela mesma e, dificilmente, chega aos dez minutos de oração, por não encontrar muitos motivos para orar.

Tal pessoa não ora com fé do fundo de seu coração, mesmo quando ora pelo reino de Deus e sua justiça. Contudo, quando entra no terceiro nível de fé, não ora somente por ela mesma e já é capaz de orar sempre pelo reino de Deus e sua justiça.

E no quarto nível, como será sua oração? Neste nível, ela ora somente pelo reino de Deus e sua justiça, porque se livrou completamente tanto dos atos como dos desejos da natureza pecaminosa.

Ela não precisa orar para se livrar de seus pecados, porque já vive segundo a Palavra de Deus. Ora a Deus por outras coisas que vão além de sua família ou dela mesma: pela salvação de mais pessoas, pela extensão do reino de Deus e Sua justiça, por sua igeja, pelos obreiros e por todos os seus irmãos e irmãs na fé. Ora constantemente porque sabe muito bem que não pode salvar nem sua própria lama, sem receber o poder de Deus, do alto. Também ora ardentemente com todo o seu coração, alma, mente e força pelo reino de Deus e Sua justiça.

Quando alcançamos o quinto nível da fé, oferecemos orações que agradam a Deus e de ações de graças, que podem até movê-Lo em Seu trono.

No passado, poderíamos levar muito tempo para orar na completude do Espírito Santo, mas agora podemos sentir nossa oração ascender aos céus com Sua inspiração no momento em que ajoelhamos.

É difícil quando oramos para nos livrar dos nossos pecados; mas não é difícil, quando oramos com a fé, para recebermos o poder de Deus, para salvar muitas almas e agradar-Lhe, e com amor flamejante pelo Senhor.

Mostrando sinais miraculosos e maravilhas

Muitos sinais miraculosos e maravilhas são manifestados através da pessoa, quando ela, fervorosa e persistentemente, ora com um amor ardente, para receber o poder de Deus. Isso serve para confirmar que ela tem uma fé que agrada a Deus.

Jesus operou muitos sinais miraculosos e maravilhas durante o Seu ministério, dizendo em João 4:48: *"Se vocês não virem sinais e maravilhas, nunca crerão"*. Jesus podia facilmente levar as pessoas a terem fé em Deus, testificando do Deus vivo, mostrando-lhes sinais miraculosos e maravilhas.

Hoje, Deus também escolhe as pessoas certas e as deixa operar sinais e maravilhas até maiores que Jesus operou (João 14:12). Só na minha igreja, inúmeros sinais e maravilhas já foram manifestos.

Agora, examinemos os sinais e maravilhas manifestados através daqueles que têm a fé que agrada a Deus. Primeiro, quando o poder de Deus que está além de qualquer habilidade humana, é manifestado, podemos chamá-lo de sinal. Exemplos de sinais seriam um cego que volta a ver, um mudo que volta a falar, um surdo a ouvir, um aleijado e caminhar, pernas que passam a ter o mesmo comprimento, o corcunda que é endireitado e pessoas com paralisia cerebral ou infantil que se tornam normais.

Sobre sinais, Jesus nos diz em Marcos 16:17,18:

Estes sinais acompanharão os que crerem: em meu

nome expulsarão demônios; falarão novas línguas;
pegarão em serpentes; e, se beberem algum veneno
mortal, não lhes fará mal nenhum; imporão as mãos
sobre os doentes, e estes ficarão curados.

Aqui, "os que crerem" refere-se às pessoas com a fé do pai. Os sinais que acompanham "os que crerem" podem ser classificados em cinco categorias que serão vistas mais detalhadamente no próximo capítulo.

Segundo, dentre as muitas obras de Deus, "uma maravilha" é uma mudança do tempo que envolve o deslocamento de nuvens, fazer começar ou parar de chover, mover corpos celestiais e coisas do tipo.

De acordo com a Bíblia, Deus enviou trovões e chuva quando Samuel orou (1 Samuel 12:18). Quando o profeta Isaías clamou a Deus, nós sabemos: *"Então o profeta Isaías clamou ao SENHOR, e este fez a sombra recuar os dez degraus que havia descido na escadaria de Acaz"* (2 Reis 20:11). E também Elias: *"orou fervorosamente, para que não chovesse, e não choveu sobre a terra durante três anos e meio. Orou outra vez, e os céus enviaram chuva e a terra produziu os seus frutos"* (Tiago 5:17,18).

Da mesma forma, o Deus de amor leva as pessoas ao caminho da salvação mostrando-lhes sinais miraculosos, tangíveis e maravilhas através de pessoas que Ele considera ser as apropriadas. Logo, devemos ter uma fé firme na Palavra de Deus escrita na Bíblia e tentar possuir a fé que agrada a Ele.

4. Sendo Fiel em Toda a Casa de Deus

As pessoas que se encontram no primeiro ou no segundo nível da fé são capazes de entrar temporariamente no estado do quinto nível. Quando recebem o Espírito Santo, são cheias Dele de tal maneira que não temem nem mesmo a morte, mas ficam cheias de gratidão, oram diligentemente, proclamam o Evangelho e vão a todos os cultos de sua igreja. Recebem tudo que pedem a Deus porque estão no quarto ou no quinto nível da fé, embora temporariamente. Quando perdem sua completude do Espírito Santo, logo voltam para seu nível de fé anterior.

As pessoas do quinto nível de fé, entretanto, nunca mudam, pois estão sempre cheias do Espírito Santo que pode perfeitamente controlar sua mente, e não vivem como pessoas do primeiro ou segundo níveis. Elas realmente agradam a Deus, sendo fiéis em tudo em Sua casa.

Números 12:3 nos diz o seguinte sobre Moisés: *"Ora, Moisés era um homem muito paciente, mais do que qualquer outro que havia na terra"*. E o versículo 7 diz: *"Não é assim, porém, com meu servo Moisés, que é fiel em toda a minha casa"*. Baseado nisso, sabemos que Moisés estava no quinto nível da fé com o qual Deus se agrada.

O que significa "ser fiel em toda a casa de Deus"? Por que Deus reconhece somente aqueles que são fiéis em toda a Sua casa como Moisés e outros cuja fé agrada a Deus?

O significado da fidelidade em toda a casa de Deus

A pessoa que é "fiel em toda a casa de Deus" tem a fé de Cristo, ou a "completa fé espiritual" e faz todas as coisas com o modo de agir de Jesus Cristo. Faz tudo com o coração de Cristo e do espírito sem depositar sua confiança em sua mente ou pensamentos.

Uma vez que alcançou a mente da bondade, a mente de Cristo, não se discute ou grita, e não quebra o caniço rachado e nem apaga o pavio fumegante (Mateus 12:19,20). Tal pessoa crucificou a natureza pecaminosa juntamente com suas paixões e desejos e então pode ser fiel em todos os seus deveres.

Ela não tem um "eu", mas apenas o coração de Cristo – o coração do espírito – porque se livrou de todas as coisas carnais. Não se preocupa com honras do mundo, nem poder ou riqueza. Ao invés disso, o seu coração é transbordante de esperança por questões eternas: como será que vai ser capaz de alcançar o reino de Deus e sua justiça enquanto estiver neste mundo; como poderá ser uma grande pessoa no céu e amada por Deus Pai; e como viverá feliz para sempre, armazenando grandes prêmios no céu. Conseqüentemente, ela consegue ser fiel em todos os seus deveres, porque fluem do seu coração apenas fervor e sinceridade para alcançar o reino de Deus e sua justiça.

Existem diferenças na medida da devoção entre as pessoas que alcançam o reino de Deus e sua justiça. Se cumprem apenas o dever que lhes foi dado, estão apenas cumprindo uma responsabilidade pessoal.

Quando contratamos alguém, por exemplo, damos-lhe um salário e esta pessoa faz o trabalho para o qual foi contratado e é pago. Não dizemos que ela é "fiel em toda a casa". Se ela for "fiel em toda a casa", a pessoa não apenas fará as suas tarefas, mas também fará muito além do pedido, com sinceridade de coração.

Portanto, não podemos ser reconhecidos como "fiéis em toda a casa de Deus" só pelo fato de termos nos livrado de nossos pecados, lutando contra eles ao ponto de derramarmos nosso sangue pelo grande amor a Deus e cumprido completamente o nosso dever com um coração santificado. Somos reconhecidos como "fiéis em toda a casa de Deus" só quando somos totalmente santificados e fazemos muito além das nossas responsabilidades com a fé de Cristo, que é obediente até a morte.

Sendo fiel em toda a casa de Deus

Estamos no quarto nível de fé, quando amamos a Jesus Cristo acima de todas as coisas, possuímos amor espiritual como descrito em 1 Coríntios 13 e colhemos os frutos do Espírito Santo como identificados em Gálatas 5. Depois disso, podemos ter a fé que agrada a Deus quando alcançamos as bem-aventuranças de Mateus 5 e nos tornamos fiéis em toda a casa de Deus. Por que as coisas são dessa maneira?

Há uma diferença entre o amor como fruto do Espírito e o amor definido em 1 Coríntios 13. O amor em 1 Coríntios 13 é a definição do amor espiritual, enquanto o amor como fruto do Espírito se refere ao infinito amor que cumpre a lei.

Logo, o amor como fruto do Espírito tem uma maior abrangência que o amor descrito em 1 Coríntios 13. Em outras palavras, quando o sacrifício de Jesus Cristo, que cumpriu a lei com amor na cruz, é adicionado ao amor de 1 Coríntios 13, ele pode ser chamado de "amor como fruto do Espírito Santo."

A alegria vem do alto com felicidade espiritual e paz, porque as coisas carnais dentro de nós desaparecem, à medida que o amor espiritual amadurece. Só faz sentido nos tornarmos cheios de alegria, quando estamos cheios apenas de coisas boas, porque vemos, ouvimos e pensamos somente sobre coisas boas.

Não odiamos ninguém, porque não há ódio em nós. Transbordamos alegria porque preferimos servir os outros, dar boas coisas a eles e nos sacrificar por eles. Apesar de vivermos neste mundo, não buscamos coisas carnais, procurando satisfazer nossos próprios interesses; mas somos cheios de esperança do céu, pensando em como podemos expandir o reino de Deus e sua justiça, e agradando-Lhe, salvando mais e mais pessoas. Podemos viver em paz com nosso próximo, porque desfrutamos da verdadeira felicidade e temos paz de mente para cuidar das pessoas ao nosso redor, à medida que a alegria vem sobre nós.

Além disso, podemos ser pacientes com a esperança celestial, à medida que ficamos em paz com os outros. Podemos mostrar gentileza, porque não brigamos ou discutimos e nem quebramos o caniço rachado ou apagamos o pavio fumegante, se temos mansidão. As pessoas com bondade podem ser espiritualmente fiéis, porque já se livraram do egoísmo.

A medida da fidelidade daqueles que são fiéis também se difere de pessoa para pessoa, de acordo com o campo do coração de cada um. Quanto mais mansidão alguém tem, maior é a medida de fidelidade que esta pessoa alcança. Podemos ver o quanto alguém é manso, observando o quanto é fiel em toda a casa de Deus. Cumpre todos os seus deveres fielmente em casa e no trabalho, em relacionamentos com os outros e na igreja. Logo, Moisés, que foi o homem mais paciente na face da terra, foi fiel em todos os deveres que foram dados a ele.

E como podemos ser perfeitos sem domínio próprio?

Conseguimos ser fiéis em toda a casa de Deus com autocontrole, pois, sem ele, não é possível sermos equilibrados em nenhuma das áreas da nossa vida. Assim sendo, não conseguimos ser fiéis em toda a casa de Deus sem o fruto do domínio próprio; independentemente do fato termos os outros oito frutos do Espírito ou não.

Digamos, por exemplo, que você esteja para encontrar um amigo em determinado lugar, depois que for ao encontro de sua célula (encontros semanal domicialiar que membros de determinada igreja realizam a fim de estudarem a Palavra de Deus). Seria muito indelicado de sua parte, se você se atrasasse ou adiasse a hora do encontro, não porque a reunião da célula demorou para terminar, mas porque você ficou lá papeando depois que terminou. Da mesma maneira, como podemos ser fiéis em toda a casa de Deus, se não cumprirmos uma pequena promessa que seja ou um compromisso como o do exemplo, sem colher o fruto do domínio próprio? Devemos perceber que seremos fiéis em toda a casa de Deus somente quando nossa vida estiver equilibrada com o fruto do autocontrole.

O amor espiritual, os frutos do Espírito e as bem-aventuranças

As bem-aventuranças vêm sobre nós, à medida que temos amor espiritual e os frutos do Espírito colocados em prática. Elas se referem ao nosso caráter como vasos, e podemos ser perfeitamente fiéis em toda a casa de Deus, somente quando as bem-aventuranças vierem completamente sobre nós, vivendo e agindo o que cultivamos em nosso coração.

Durante grande parte da história coreana, conselheiros fiéis aos reis se responsabilizavam por toda questão governamental, como se fossem pessoais. Dessa forma, esses conselheiros eram capazes de servir aos reis e ajudá-los a tomar as decisões corretas, mesmo quando seu dever significasse sofrimento ou até morte. Não apenas amavam seus reis, mas também a todo o país como a eles mesmos, e se comportavam de tal maneira.

Por um lado, eles realmente serviam aos seus reis até o fim, mesmo se precisassem arriscar suas próprias vidas. Por outro lado, havia aqueles que pareciam ser leais, mas renunciavam seus cargos ou viviam isolados quando os reis não seguiam seus conselhos sinceros e repetidos. Entretanto, os verdadeiros conselheiros e sujeitos reais não se comportavam de tal maneira. Eram leais aos seus reis até o fim, mesmo se o rei rejeitasse ou ignorasse seus conselhos. Os reis poderiam rejeitá-los, rejeitar seus conselhos ou desonrá-los sem nenhuma razão, mas, ainda assim, eles não teriam nenhum ressentimento pelo rei e não mudavam de decisão, mesmo se fossem perder sua própria vida.

O nosso caráter como um vaso e o caráter do nosso coração

A fim de entendermos claramente o que significa "ser fiel em tudo na casa do Senhor", examinemos primeiro nosso caráter como um vaso e o caráter do nosso coração.

A medida da nossa fé como um vaso é diferente de pessoa para pessoa, dependendo do quanto cada um cultiva bondade em seu coração, ou o quanto o transforma em um coração manso. Portanto, o coração de uma pessoa como um vaso é determinado pelo que se ele faz, ou não, o que lhe é ordenado.

Logo, o que faz haver uma grande diferença no caráter de alguém como um vaso? Depende de como e com que tipo de coração a pessoa reage em relação à Palavra de Deus e o quanto age segundo o que guarda dentro dele. Portanto, uma pessoa é um bom vaso quando valoriza a Palavra de Deus e reflete sobre Ela profundamente, como Maria fez: *"Maria, porém, guardava todas essas coisas e sobre elas refletia em seu coração"* (Lucas 2:19).

O caráter do coração de alguém varia dependendo de como ela alarga sua mente para cumprir seu dever ou com quanta competência ele usa a sua mente para fazê-lo. Com um exemplo das várias maneiras com as quais as pessoas respondem à mesma situação, classificarei as obras das pessoas resultantes dos diferentes tipos de caráter de corações em quatro categorias.

A primeira pessoa faz além do que lhe é ordenado. Quando os pais lhe pedem, por exemplo, para pegarem um pedaço de lixo no chão, ela não vai apenas limpar aquela parte, mas vai varrer toda a poeira, limpar todo canto do cômodo e esvaziar a lixeira. Essa pessoa dá alegria e satisfação aos seus pais, porque faz as coisas além de suas expectativas. O quanto esse filho será amado por seus pais? Os diáconos Stephen e Philip eram indivíduos assim. Eles eram cabeça-aberta para que pudessem operar grandes maravilhas e sinais miraculosos entre as pessoas, como os apóstolos o fizeram (Atos 6).

A segunda pessoa faz aquilo que lhe é ordenado que faça. Se uma criança pega um pedaço de lixo do chão porque seus pais lhe pediram, por exemplo, será amável aos seus pais uma vez que lhes obedece, mas pode não agradar-lhes.

A terceira pessoa não faz o que deveria. É tão fria e apática que se aborrece só de lhe pedirem que faça algo. Tais pessoas, que dizem amar a Deus, mas não oram nem tomam conta das ovelhas de Jesus, pertencem a esse grupo. Em uma das parábolas de Jesus, um sacerdote e um levita que passaram por um homem que havia sido roubado do outro lado da estrada, também pertencem a esse grupo (Lucas 10). Como tais pessoas não têm amor, podem fazer o que Deus mais abomina – ser arrogante, cometer adultério, ou traí-Lo.

A última pessoa atrapalha, dificulta a tarefa a ser cumprida. Em primeiro lugar, já seria melhor para esse tipo de pessoa nem ter começado a tarefa. Se um filho quebra um vaso de flores e fica bravo com seus pais, porque eles lhe pediram para juntar os pedaços, ele pertence a esse grupo.

Um coração generoso e fidelidade em toda a casa de Deus

Como expliquei que há quatro categorizações do caráter, um indivíduo pode ser reconhecido como um grande vaso, quando ele cumpre o seu dever além do que é esperado dele. Nossa magnitude como vasos depende do quanto ampliamos nossa mente com esperança e o quão sinceramente lutamos. O mesmo acontece quando fazemos as coisas na igreja, trabalho ou em nossa casa.

Portanto, quando uma pessoa recebe determinada tarefa, se ela a acata com um "Amém", ela pode ser considerada como um bom vaso. A pessoa pode ser reconhecida como alguém com um coração generoso, que não apenas obedece ao que lhe é ordenado, mas também vai além das expectativas com sinceridade e compreende melhor as coisas – amplia a mente. Nesse sentido, ser fiel em toda a casa de Deus está relacionado à medida da generosidade. A sinceridade varia com a medida da generosidade.

Examinemos algumas pessoas que têm sido fiéis em toda a casa de Deus. Em Números 12:7,8, percebemos o quanto Deus amava Moisés, que foi fiel em toda a Sua casa. Esses versículos nos dizem o quanto é importante sermos fiéis em toda a casa de Deus:

> *Não é assim, porém, com meu servo Moisés, que é fiel em toda a minha casa. Com ele falo face a face, claramente, e não por enigmas; e ele vê a forma do SENHOR. Por que não temeram criticar meu servo Moisés?*

Além de Moisés ter tido um amor constante e um coração invariável por Deus, ele tinha o mesmo modo de agir com seu povo e sua família e cumpria seus deveres sem nunca voltar atrás. Sempre foi capaz de escolher as coisas eternas primeiro, não sua glória e riqueza, e agradou a Deus com a sua fé. Foi tão leal que pediu a Deus para salvar seu povo, correndo o risco de perder a sua vida quando os israelitas pecaram.

Como Moisés respondeu, quando o povo fez uma imagem de um bezerro de ouro e o adorou, depois de seu retorno com a tábua dos Dez Mandamentos dada por Deus, depois de jejuar por quarenta dias? A maioria das pessoas nessa situação poderia ter dito: "Não agüento mais isso, Deus! Por favor, faça o que o Senhor quiser!"

Ele pediu a Deus de forma intensa que perdoasse seu povo pelos seus pecados. Ele estava pronto e disposto a sacrificar sua vida, como um tipo de garantia, do fundo de seu coração, com abundância de amor por eles.

Com Abraão, o patriarca da fé, foi algo semelhante. Quando Deus planejou destruir as cidades de Sodoma e Gomorra, Abraão não pensou que aquilo não tinha nada a ver com ele. Ele implorou a Deus que salvasse aquele povo: *"E se houver cinqüenta justos na cidade? Ainda a destruirás e não pouparás o lugar por amor aos cinqüenta justos que nele estão?"* (Gênesis 18:24)

Ele pediu a Deus que tivesse misericórdia e não destruisse aquelas cidades, se houvesse quarenta e cinco justos ali e continuou perguntando a Deus: e se o número de justos fosse quarenta, trinta, trinta e cinco, vinte ou dez? No fim, ele recebeu a resposta definitiva de Deus: *"Por amor aos dez, não a destruirei"* (Gênesis 18:32). Entretanto, as duas cidades se transformaram em ruínas, porque nem mesmo dez justos habitavam nelas.

Abraão também renunciou a seu direito de escolha, para que seu sobrinho Ló pudesse escolher uma boa terra, quando a terra na qual estava vivendo não lhe servia mais, porque muitas eram suas posses. Ló escolheu a terra que era plana e lhe parecia boa e mudou-se para ela.

Algum tempo depois, Sodoma e Gomorra foram destruídas em uma guerra e muitas pessoas foram levadas cativas, inclusive Ló, sobrinho de Abraão. Então, arriscando sua própria vida, Abraão perseguiu o inimigo com trezentos e dezoito homens treinados, resgatou Ló e outros prisioneiros, juntamente com seus bens.

Naquele tempo, o rei de Sodoma cumprimentou Abraão e lhe disse: *"Dê-me as pessoas e pode ficar com os bens"* (v. 21). Mas Abraão não aceitou nada do que pertencia a eles, dizendo: *"não aceitarei nada do que lhe pertence, nem mesmo um cordão ou uma correia de sandália, para que você jamais venha a dizer: 'Eu enriqueci Abraão'"* (v.23). E ele de fato devolveu todas as coisas ao rei de Sodoma (Gênesis 14:1-24).

Abraão tinha atitudes coerentes e constantes quando conhecia ou se associava a qualquer pessoa, sem prejudicar ou chatear ninguém. Ele não apenas confortou pessoas e deu-lhes prazer e esperança, mas também as amou e serviu a elas sinceramente.

Como ser fiel em toda a casa de Deus

Moisés e Abraão eram homens de grande generosidade, sinceros, perfeitos e cheios de verdade, que não negligenciavam nada. O que devemos fazer para sermos fiéis em toda a casa de Deus?

Primeiro, devemos testar tudo e agarrarmos à bondade, sem nos desfazer do fogo do Espírito e tratar profecias com desprezo. Em outras palavras, devemos ver, ouvir e pensar sobre a bondade, falar a verdade e ir somente a lugares bons.

Em segundo lugar, devemos negar e sacrificar a nós mesmos com amor espiritual pelo reino de Deus e sua justiça, e, para isso, devemos crucificar a natureza carnal com suas paixões e desejos. Quando não estivermos ligados a este mundo e desejarmos coisas espirituais, poderemos determinar quais devem ser as prioridades de nossa vida e fazer o que agradar a Deus.

Devemos lutar intensamente para possuirmos a fé para amar a

Deus acima de todas as coisas, se já estivermos sobre a rocha da fé. Se já possuímos a fé para amar a Deus acima de tudo, então precisamos entrar rapidamente na dimensão na qual podemos agradar-Lhe, sendo fiel em toda a Sua casa.

Possuir a fé para agradar a Deus é como formar na escola ou na faculdade. Depois da formatura, saímos para o mundo e podemos aplicar aquilo que aprendemos em nosso dia-a-dia ou em uma profissão e sermos bem sucedidos.

Semelhantemente, quando alcançamos o quarto nível da fé, um nível mais profundo do mundo espiritual se desdobra diante de nós. É importante lembrarmos que o mundo espiritual é infinitamente grande em profundidade, comprimento e altura.

Quando entramos no quinto nível da fé, passamos a entender o profundo coração de Deus de maneira significativa. Somos capazes de entender o quanto de amor Deus tem e o quanto Ele é cheio de amor, misericórdia, perdão, amabilidade e bondade. Também experienciamos o Seu grande amor, porque sentimos que o Senhor está caminhando conosco e nos derramamos em lágrimas quando pensamos Nele.

Portanto, devemos nos tornar pessoas de grande generosidade com muito mais obediência, devoção e amor, sabendo que há uma grande diferença entre o quarto e o quinto níveis da fé em termos de amor espiritual e sacrifício. Eu espero que você receba tudo de Deus com o tipo de fé que pode agradar-Lhe, e que possa ser abençoado o bastante para operar sinais e maravilhas com orações incessantes.

Que você possa desfrutar de todas essas bênçãos que Deus preparou para você. Em nome de Jesus Cristo, eu oro!

Capítulo 9

SINAIS ACOMPANHANDO OS QUE CRÊEM

A M E D I D A   D A   F É

"Estes sinais acompanharão

os que crerem:

em meu nome expulsarão demônios;

falarão novas línguas;

pegarão em serpentes;

e, se beberem algum veneno mortal,

não lhes fará mal nenhum;

imporão as mãos sobre os doentes,

e estes ficarão curados."

(Marcos 16:17,18)

Encontramos Jesus operando muitos sinais na Bíblia. Os sinais são operados pelo poder de Deus, além da capacidade humana. Qual foi o primeiro sinal operado por Jesus?

Foi a transformação de água em vinho na festa de casamento em Caná da Galiléia, como descrito em João 2:1-11. Quando Jesus soube que o vinho havia acabado, Ele pediu aos servos que enchessem seis jarras de pedra com água até a borda. Eles fizeram conforme Jesus lhes disse e levaram um pouco ao encarregado da festa, que provou o vinho que havia vindo da água e o elogiou.

Por que Jesus, o Filho de Deus, transformou água em vinho como o seu primeiro sinal operado? O evento tem muitas implicações espirituais. Caná da Galiléia seria o mundo e a festa de casamento representa os últimos tempos deste mundo, onde as pessoas comem exageradamente, ficam bêbadas e são completamente contaminadas pela maldade (Mateus 24:37,38). A água se refere à Palavra de Deus e o vinho ao precioso sangue de Jesus Cristo.

Assim sendo, o sinal de transformar a água em vinho indica que o sangue de Jesus em sua crucificação seria o sangue que daria a vida eterna à espécie humana. As pessoas louvaram o vinho porque, tinha um gosto bom. Isso significa que as pessoas se alegram porque seus pecados são perdoados quando bebem o sangue de Jesus e ganham esperança pelo céu.

Começando com esse primeiro sinal, Jesus operou muitos

outros maravilhosos. Salvou um criança da morte; operou o milagre da multiplicação dos cinco pães e dois peixes para alimentar cinco mil pessoas, expulsou demônios, fez o cego ver e trouxe Lázaro de volta à vida, que já estava morto há quatro dias.

O que, então, foi o maior propósito de Jesus ter operado tais sinais? Foi para salvar pessoas e fazer com que tivessem fé, como Ele disse em João 4:48: *"Se vocês não virem sinais e maravilhas, nunca crerão"*. É por isso que até hoje, Deus, que considera uma única alma mais preciosa que todo o universo, nos mostra muitos sinais através daqueles que têm fé para entregar suas próprias vidas para salvar almas.

Agora, pois, olhemos em detalhes para vários sinais que acompanham aqueles que têm a fé que agrada a Deus.

1. Expulsando Demônios

A Bíblia nos fala claramente sobre a existência de demônios, embora muitas pessoas digam hoje que "os demônios não estão em lugar nenhum". Um demônio é um tipo de espírito mau que é contra Deus. Em geral, ele faz armadilhas para as pessoas que servem a ídolos, trazendo-lhes tribulações e problemas e faz com que elas lhes sirvam com diligência ainda maior.

Contudo, devemos expulsá-lo e ter autoridade sobre ele, se temos a fé verdadeira, pois Jesus nos diz: *"Estes sinais acompanharão os que crerem: em meu nome expulsarão demônios"* (Marcos 16:17). Também encontramos em João 1:12: *"Contudo, aos que o receberam, aos que creram em seu nome, deu-lhes o direito de se tornarem filhos de Deus"*.

Como seria vergonhoso se nós, como filhos de Deus, tivéssemos medo de demônios ou nos submetêssemos às suas armadilhas!

De vez em quando, recém-convertidos sem fé espiritual sofrem interferência de demônios, quando sobem a um monte para orar em isolamento. Alguns podem até ficar possessos por demônios, porque pedem a Deus por seus dons e poder, mas não tentam se livrar de sua maldade.

Recém-convertidos, portanto, devem ser acompanhados por líderes espirituais que são capazes de expulsar demônios em nome de Jesus Cristo, quando quiserem ir a um monte, e então poderão orar sem impedimentos.

Expulsando demônios em nome de Jesus Cristo

O mesmo deve ser com ministros e obreiros da igreja, visitando os membros. Devem primeiro expulsar os demônios, discernindo as coisas espirituais, e então aqueles que estão recebendo a visita poderão abrir seu coração, receber a graça de Deus e possuir fé pela mensagem pregada.

Contudo, a visita pode ser atrapalhada se não expulsarmos Satanás em seu início. A pessoa que estamos visitando pode não abrir seu coração e então não poderá receber nem a graça nem a fé. Aquele que tem seus olhos espirituais abertos, distingue facilmente os espíritos maus. Algumas pessoas estão totalmente pocessas de demônios, mas na maioria dos casos, elas são parcialmente controladas por eles em seus pensamentos.

Elas se comportam contra a Verdade quando Satanás trabalha em seus pensamentos, porque ainda têm uma fé fraca ou restos da natureza pecaminosa como adultério, roubo, mentira, raiva, e inveja (lembrando que, no caso, estamos falando de membros da igreja). O coração das pessoas pode mudar quando ouvem a pregação do ministro que tem poder espiritual suficiente para expulsar demônios em nome de Jesus Cristo.

Elas de arrependem de seus pecados, porque são profundamente tocadas em seus corações; percebem que pecaram enquanto o ministro prega com o poder que Deus lhe deu. Também recebem grande fé e força para lutar contra tais pecados. Depois de poucos meses, podem notar o quanto mudaram em seu caráter e fé. Dessa forma, é possível que elas transformem até sua natureza na Verdade.

Nos quatro Evangelhos, podemos ver muitas pessoas que tiveram sua natureza inata transformada depois que conheceram Jesus. João, por exemplo, tinha um temperamento tão explosivo que era chamado de filho do trovão (Marcos 3:17), mas foi transformado de maneira tal que passou a ser chamado de "apóstolo do amor", desde que conheceu Jesus.

Da mesma forma, uma pessoa com uma fé completa pode mudar outras pessoas, como fez Jesus. Além disso, ela também pode expulsar demônios em Seu nome, porque lhe foi dada autoridade sobre Satanás através do mesmo Nome.

Como expulsar demônios

Há diferentes casos quando se trata de expulsar demônios. Algumas vezes, o demônio vai embora de uma vez, com oração, e em outras, não sai mesmo se orarmos cem vezes. Se um homem com fé fica possesso de demônio porque Deus virou o Seu rosto contra ele, depois de tê-Lo desapontado de alguma maneira, o espírito maligno dentro dele pode ser facilmente expulso com oração, depois que se arrepender com lágrimas. Isso é porque ele já tem fé e já conhece a Deus.

Em que caso é difícil expulsar demônios, mesmo com muita oração? É quando um demônio muito mau domina alguém que não tem fé e não conhece a Verdade. Neste caso, não é fácil que esta pessoa venha a ter fé, enquanto estiver possuída, pois o mal está profundamente arraigado em seu ser. A fim, pois, de libertá-la, alguém deve ajudá-la a ter fé, entender a Verdade, se arrepender e destruir muros de pecados.

E também, quando há algum problema com a vida de seus pais espirituais em Cristo, seu amado filho pode ficar possuído. Em tal caso, o filho não pode ser liberto, até que seus pais se arrependam de seus pecados, recebam a salvação e fiquem firmes sobre a rocha da fé.

Há um outro caso também onde a pessoa é afetada por forças da escuridão. Às vezes podemos ver alguém levando uma vida agonizante em fé, porque tem dificuldade de abrir seu coração e os pensamentos mundanos, dúvidas e fadigas a impedem de ouvir a pregação, mesmo se tentar intensamente.

Esse caso pode acontecer porque as forças da escuridão podem trabalhar na família da pessoa, se seus antecedentes serviam a ìdolos ou seus pais são idólatras ou mexem com espíritos malignos diretamente. No entanto, quando esta pessoa se torna uma filha da luz e é salva juntamente com sua família, ouvindo diligentemente a Palavra de Deus e orando de todo o seu coração, o demônio vai embora.

Deus odeia a idolatria tanto, que entre um idólatra e Ele acaba existindo uma grossa parede de pecado. Conseqüentemente, o idólatra continua lutando contra si mesmo para viver na verdade até acabar com tal parede. Ele pode ser rapidamente liberto, dependendo do quão fervorosamente orar e mudar.

Exceções nas quais os demônios não saem

Em que casos os demônios não vão embora, mesmo se alguém ordena em nome de Jesus Cristo?

Os demônios não vão embora, quando a pessoa já acreditou no Senhor, mas sua consciência foi marcada como que com um ferro quente, depois que ela se afastou Dele. Ela não pode retornar ao Senhor, mesmo tentando, porque a sua boa consciência foi completamente substituída por inverdade.

É por isso que encontramos em 1 João 5:16: *"Há pecado que leva à morte; não estou dizendo que se deva orar por este".* Em outras palavras, Deus não responde a essa pessoa mesmo quando ela ora.

Qual é o pecado que leva á morte? É a blasfêmia contra o Espírito Santo. A pessoa que comete este pecado não pode ser perdoada nem neste tempo, nem no que há de vir. Portanto, tal pessoa nunca poderá ser salva, independente se ora, ora muito, ou não ora.

Em Mateus 12:31, Jesus nos diz que a blasfêmia contra o Espírito não será perdoada. Blasfemar contra o Espírito significa atrapalhar a obra do Espírito Santo com uma mente maligna, julgando-a e condenando-a por conta própria. Um exemplo é quando as pessoas julgam a igreja onde as obras de Deus acontecem, dizendo que estas são "heresias", caluniam-na e espalham falsos rumores sobre ela (Marcos 3:20-30).

Jesus também disse em Mateus 12:32: *"Todo aquele que disser uma palavra contra o Filho do homem será perdoado, mas quem falar contra o Espírito Santo não será perdoado, nem nesta era nem na que há de vir."* Mais uma vez, em Lucas 12:10 Jesus no lembra: *"Todo aquele que disser uma palavra contra o Filho do homem será perdoado, mas quem blasfemar contra o Espírito Santo não será perdoado".*

Qualquer que fala contra o Filho do Homem, como a pessoa o faz sem conhecê-Lo, pode ser perdoado; mas aquele que blasfema ou fala contra o Espírito Santo, não pode ser perdoado e segue um caminho de morte, porque ele atrapalha a obra de Deus e blasfema contra o Espírito, mesmo já tendo aceitado Jesus Cristo e recebido o Espírito. Portanto, não devemos jamais cometer o pecado de blasfemar ou falar contra o Espírito Santo, entendendo que esse pecado é muito grave para ser perdoado, e muito menos, ter a salvação.

Hebreus 10:26 nos diz que se um homem peca deliberadamente mesmo depois de ter recebido o conhecimento da verdade, não lhe resta sacrifício por seus pecados. Ele sabe bem o que é pecado através da Palavra de Deus e não deveria fazer coisas más aos Seus olhos.

Entretanto, se ele peca intensionalmente, sabendo que está pecando, a sua consciência gradativamente se torna insensível aos pecados e fica marcada como que por um ferro quente. No fim, tal homem será abandonado, porque não pode receber o espírito do arrependimento.

Portanto, *"para aqueles que uma vez foram iluminados, provaram o dom celestial, tornaram-se participantes do Espírito Santo, experimentaram a bondade da palavra de*

Deus e os poderes da era que há de vir, e caíram, é impossível que sejam reconduzidos ao arrependimento; pois para si mesmos estão crucificando de novo o Filho de Deus, sujeitando-O à desonra pública" (Hebreus 6:4-6).

Para tais indivíduos que receberam o Espírito Santo, que têm conhecimento do céu, do inferno e da Palavra de Deus, quando são tentados pelo mundo e caem e desonram a glória de Deus, não terão a oportunidade de se arrepender.

Com exceção dos casos citados acima, nos quais Deus não pode deixar de virar Sua face contra essas pessoas (e é por essa razão que o diabo não pode ser expulso, quando ordenamos em nome de Jesus Cristo), temos autoridade sobre o nosso inimigo – Satanás e seus demônios. É por essa razão que o diabo não pode ser expulso, quando ordenamos em nome de Jesus Cristo.

Devemos orar incessantemente, enquanto vivendo na verdade

O quanto um servo ou um obreiro de Deus ficará agoniado, se os demônios não saírem, quand for ordenado em nome de Jesus Cristo? Portanto, precisamos naturalmente receber o poder para controlar e dominar o inimigo. A fim de operar os sinais que acompanham os que crêem, temos que alcançar o estado de agradar a Deus, não apenas cumprindo completamente a verdade com amor por Ele, do fundo do nosso coração, mas também orar incessante e fervorosamente.

Um pouco depois que fundei minha igreja, um jovem possuído de epilepsia veio da província de Gang-won para encontrar-me, depois de ouvir falar do meu ministério de cura.

Apesar de servir ao Senhor muito bem, sendo um professor de escola-dominical e membro do louvor, não havia tentado se livrar de seus pecados, mas continuava a cometê-los, porque era extrememante arrogante. Conseqüentemente, um demônio entrou em sua mente suja e ele passou a sofrer da doença de forma severa.

A obra de cura manifestou por causa da oração intensa e dedicação de seu pai. Quando descobri a identidade do demônio e o expulsei através da oração, o rapaz caiu inconscientemente, à medida que espumas com um mau odor saíam de sua boca. Ele voltou para sua casa depois de se munir da Palavra de Deus em minha igreja e se tornou uma nova pessoa em Cristo. Algum tempo depois, ouvi dizer que estava servindo à igreja fielmente e dava testemunhos de sua cura.

Hoje em dia, muitas pessoas são libertas de demônios ou forças da escuridão, além do tempo e espaço, através da oração com um lenço que consagrei a Deus.

Certa vez, um outro rapaz de Ul-san, da província de Kyungnam tinha sido surrado por homens de uma classe social mais alta durante o seu primeiro ano do segundo grau porque tinha se recusado a fumar com eles. Como resultado, esse jovem sofria seriamente de angústia, eventualmente ficava possesso e foi hospitalizado por sete meses por causa de seu problema. Contudo, foi liberto depois de receber uma oração com o lenço que eu havia consagrado. Recuperou sua saúde e hoje é um precioso obreiro na igreja.

Tais obras também estão acontecendo em outros países. No Paquistão, por exemplo, um membro da igreja havia sofrido de um espírito maligno por quatro anos, mas foi liberto através da oração com o lenço e recebeu o Espírito Santo e o dom de falar em línguas.

2. Falando Novas Línguas

O segundo sinal que acompanha os que crêem é o de falar novas línguas. O que exatamente é isso?

1 Coríntios 14:15 diz: *"Orarei com o espírito, mas também orarei com o entendimento; cantarei com o espírito, mas também cantarei com o entendimento"*. Podemos ver, pois, que espírito é diferente de entendimento (algumas traduções dizem 'mente'). Então, qual é a diferença entre espírito e mente?

Existem dois tipos de mente em nosso coração: a mente da verdade e a mente da inverdade. A mente da verdade é o espírito, uma mente branca. A mente da inverdade é a carne, uma mente preta. Depois que aceitamos Jesus Cristo, nosso coração é cheio de espírito de acordo com o quanto oramos e nos livramos dos nossos pecados, vivendo pela Palavra de Deus, porque a inverdade vai sendo arrancada.

No final, o nosso coração se torna cheio de espírito, pouco a pouco, sem deixar nada de inverdade para trás, quando alcançamos o quarto nível da fé para amar a Deus acima de todas as coisas. Além disso, quando temos a fé que agrada a Deus, nosso coração é completamente cheio de espírito, e isso é chamado de "espírito completo". Nessa fase, a nossa mente é o espírito e o nosso espírito é a nossa mente.

Falar em novas línguas

Quando tal espírito em nós ora a Deus pela inspiração do Espírito Santo, isso é chamado de "oração em línguas". A oração em línguas é uma conversa entre nós e Deus, e, portanto, é extremamente proveitosa para a nossa vida em Cristo, pois o inimigo não consegue ouvi-la.

O dom de línguas é geralmente dado aos filhos de Deus, quando oram intensamente na completude do Espírito Santo. Deus quer dá-lo a cada um de seus filhos.

Quando oramos em línguas fervorosamente, somos inconscientemente capazes de cantar uma canção em línguas, dançar e até mesmo fazer movimentos rítmicos pela inspiração do Espírito. Até a pessoa que normalmente não canta bem, consegue cantar muito bem; até a que normalmente não sabe dançar direito, dança melhor que um dançarino profissional, porque o Espírito Santo é quem a governa completamente.

Uma pessoa pode vir a ter uma nova experiência espiritual ao falar em línguas diferentes, ao ir mais fundo em termos de nível espiritual. Isso é chamado "falar em novas línguas". Poderemos falar novas línguas de uma só vez quando orarmos em línguas no quinto nível da fé.

Poderoso o bastante para expulsar Satanás

Falar em novas línguas é algo tão poderoso que Satanás, com medo, vai embora. Suponhamos que um ladrão com uma faca queira nos roubar. No momento, Deus pode fazê-lo mudar de idéia ou fazer com que um anjo paralise seu braço ao orarmos em novas línguas.

Quando nos sentimos inquietos ou com vontade de orar enquanto estamos indo a algum lugar, é porque Deus está tocando em nossa mente através do Espírito Santo, para que nós o façamos; Ele já sabe que um acidente está por vir.

Assim, quando oramos em obediência ao Espírito Santo, podemos impedir que um desastre ou um acidente aconteça, porque o inimigo se afasta de nós e Deus nos leva a evitar o inesperado.

Logo, falando em línguas, somos protegidos e podemos impedir tribulações e dificuldades em casa, no trabalho ou em qualquer outro lugar, sem a interferência de Satanás e seus demônios.

3. Pegando em Serpentes com Suas Mãos

O terceiro sinal que acompanha os que crêem é o de pegar em serpentes. O que, então, 'serpente' quer dizer?

Olhemos para Gênesis 3:14,15:

> *Então o SENHOR Deus declarou à serpente: "Uma vez que você fez isso, maldita é você entre todos os rebanhos domésticos e entre todos os animais selvagens! Sobre o seu ventre você rastejará, e pó comerá todos os dias da sua vida. Porei inimizade entre você e a mulher, entre a sua descendência e o descendente dela; este lhe ferirá a cabeça, e você lhe*

ferirá o calcanhar ".

Trata-se do momento em que a serpente está sendo amaldiçoada por ter tentado a Eva. Aqui, "a mulher" se refere espiritualmente a Israel e, "a sua descendência" se refere a Jesus Cristo. Daí a descendência da mulher "[ferindo a serpente] na cabeça", que significa que Jesus Cristo quebra a autoridade da morte. E dizer que "a serpente lhe ferirá o calcanhar" profetiza Satanás e seus demônios crucificando Jesus.

É também bem evidente que "a serpente" se refere a Satanás e seus demônios, pois Apocalipse 12:9 diz: *"O grande dragão foi lançado fora. Ele é a antiga serpente chamada Diabo ou Satanás, que engana o mundo todo. Ele e os seus anjos foram lançados à terra."*

Conseqüentemente, "pegar serpentes" significa que vamos separar uma facção do nosso inimigo e destruí-la em nome de Jesus Cristo.

Destruindo a sinagoga de Satanás

Leiamos os seguintes versículos que se encontram no livro de Apocalipse:

Conheço as suas aflições e a sua pobreza; mas você é rico! Conheço a blasfêmia dos que se dizem judeus mas não são, sendo antes sinagoga de Satanás. (2:9).

"Veja o que farei com aqueles que são sinagoga de Satanás e que se dizem judeus e não são, mas são

mentirosos. Farei que se prostrem aos seus pés e reconheçam que eu o amei." (3:9).

Aqui, "judeus", como os espiritualmente eleitos por Deus, se refere àqueles que crêem em Deus. Aqueles "se dizem judeus" se refere às pessoas que atrapalham a obra de Deus, julgando-a e caluniando-a, dizendo que ela não está de acordo com o que pensam, e se odeiam e queixam entre si cheios de inveja e ciúmes.

"Uma sinagoga de Satanás" implica em duas ou mais pessoas que se reúnem para falar mal dos outros, mentindo e causando problemas na igreja. A queixa de poucas pessoas contamina muitas, e então a sinagoga de Satanás é estabelecida.

É claro que propostas construtivas e sugestões devem ser aceitas para o desenvolvimento da igreja. Contudo, uma sinagoga de Satanás seria se alguns dos membros da igreja lutassem contra um servo de Deus, dividindo a igreja com uma justificativa racional e plausível e formando grupos contra a verdade.

Embora as igrejas devessem ser cheias de amor, santidade e ser unidas na verdade, há muitas nas quais a oração e o amor se esfriam, o avivamento acaba e, conseqüentemente, o reino de Deus não fica firme – tudo por causa da sinagoga de Satanás.

A sinagoga de Satanás, todavia, não pode exercer seu poder, quando podemos discerni-la com a fé que agrada a Deus do quinto nível. Nunca houve uma sinagoga de Satanás em minha igreja. Nos primeiros dias do ministério é claro que ela possa ter ocorrido, através de pessoas cujos pensamentos eram controlados pelo inimigo, já que os membros da igreja ainda não estavam munidos da verdade.

No entanto, a cada momento Deus me fazia saber do que estava acontecendo e eu destruía o inimigo com a mensagem que estava pregando. Dessa forma, cada tentativa de formar uma sinagoga de Satanás era frustrada. Hoje em dia, os membros da minha igreja são capazes de distinguir claramente verdade de inverdade. Aqueles que entram na igreja em segredo, a fim de formar uma sinagoga de Satanás, vão embora ou se arrependem, porque em alguns deles ainda há um pouco de bondade em seus corações. Uma sinagoga de Satanás não pode se formar, quando ninguém age de forma a fazê-la.

4. Nenhum Veneno Mortífero Nos Fará Mal Algum

O quarto sinal acompanhando aqueles que crêem é: se porventura bebermos algum veneno mortal, ele não nos causa dano algum. O que isso significa mais especificamente?

Em Atos 28:1-6 há um incidente no qual o apóstolo Paulo foi mordido u por uma víbora na ilha de Malta. Os habitantes esperavam que seu corpo inchasse e ele morresse de repente, mas nada aconteceu com o seu corpo. Depois de esperar por um bom tempo e ver que nada havia de fato acontecido a Paulo, os habitantes então mudaram sua opinião e viram que aquilo foi por causa de um deus (v.6). Na verdade, nada aconteceu a ele, porque ele tinha uma fé perfeita em Deus e mesmo o veneno de uma víbora não poderia fazer-lhe mal.

Mesmo se uma víbora nos morder

As pessoas, cuja fé é perfeita não passam mal ou são infectadas por germes, vírus ou veneno consumido por acidente, pois Deus o queima com o fogo do Espírito Santo.

Entretando, se as pessoas tomarem o veneno intensionalmente, elas não podem ser protegidas, porque significa que o que elas querem é testar Deus. Ele não aceita que ninguém O teste com outra coisa que não seja o dízimo. No entanto, pode haver a possibilidade de consumir um veneno em uma comida, que foi colocado ali para prejudicar-nos deliberadamente.

Ou, imaginemos que um homem dá a uma mulher uma bebida com sonífero com o propósito de aproveitar-se dela, ou uma outra situação onde a pessoa usa éter para raptar ou roubar o dinheiro de alguém. Em tais ocasiões, aquele, cuja fé é perfeita, é protegido e não é prejudicado, pois todo o veneno é neutralizado pelo fogo do Espírito Santo.

O fogo do Espírito Santo queima todo veneno

No fim do meu terceiro ano de seminário teológico, senti uma dor aguda em minha barriga depois de beber uma coisa, enquanto me preparava para o meu primeiro culto de avivamento. Senti-me aliviado depois que orei colocando minhas mãos sobre o local da dor e esvaziei os intestinos através de uma diarréia. Não sabia que havia veneno naquela bebida, até o dia seguinte.

Uma vez fiquei em Jochiwon, na província de Choogchung

para orar. Havia uma universidade perto do lugar onde estava hospedado e, muitas vezes, havia manifestações estudantis. A polícia então usava um gás para contê-las e todos ficavam com grande dificuldade para respirar, com exceção de mim.

No começo do meu ministério, minha família morava no porão da minha igreja. Naquela época, os coreanos usavam carvão para se aquecerem no inverno. Minha família sofria muito por causa do monóxido de carbono e, principalmente nos dias nublados, por causa da falta de circulação do ar. No entanto, esse gás venenoso nunca me fez mal. Já que o Espírito Santo, em Sua completude, move em todo o corpo, Ele dissolve imediatamente qualquer material venenoso que entra em uma pessoa, que possui uma fé que agrada a Deus.

5. Os Enfermos São Curados com Nossas Mãos sobre Eles

O quinto sinal acompanhando aqueles que crêem é quando eles colocam suas mãos sobre os enfermos e estes são curados. Pela graça de Deus, esse sinal me acompanhou desde antes mesmo de eu começar meu ministério. Depois de fundar a igreja, inúmeras pessoas já foram curadas e glorificaram a Deus.

Hoje, como não coloco mais as minhas mãos sobre cada membro da igreja, apenas oro por eles do púlpito e muitos enfermos são curados e se tornam saudáveis e fortes.

Durante o Encontro de Avivavento de Duas Semanas que acontecia todo maio até 2004, várias doenças como leucemia, paralisias e cânceres foram curadas. O cego passou a ver, o surdo a ouvir e o aleijado a andar. Através das incríveis obras de Deus, um grande número de pessoas veio a conhecê-Lo – o Deus Vivo.

Mas, por que ainda há pessoas que não conseguem receber respostas no meio da fogueira do Espírito Santo, queimando germes e curando doentes e enfermos desse jeito?

Primeiramente, devemos lembrar que, quando uma pessoa sem fé recebe oração, não pode ser curada. Ela só recebe a cura, se tiver fé, pois as obras de Deus são de acordo com a fé de cada um. Em segundo lugar, mesmo a pessoa que tem fé não pode ser curada, se houver um muro de pecado entre ela e Deus. Neste caso, só pode ser curada ao receber oração, depois de se arrepender de seus pecados e se voltar para Deus.

Há uma outra coisa que devemos saber: mesmo uma pessoa curando um enfermo através de sua oração, não podemos dizer que ela esteja no quinto nível da fé. Podemos curar, se tivermos o dom da cura, mesmo se estivermos, por exemplo, no terceiro nível.

Aquele que está no segundo nível da fé também pode curar pessoas através da oração, quando está cheio do Espírito Santo, pois ele pode entrar no quarto e no quinto níveis da fé por um momento. Além disso, devemos lembrar que a oração de um homem justo ou a oração de amor é tão poderosa e efetiva, que a obra de Deus pode ser manifestada (Tiago 5:16).

Ao mesmo tempo, existem limites em tais casos. Doenças causadas por germes e vírus como resfriados, cânceres e tuberculose podem ser curadas, mas obras de Deus como fazer o aleijado andar ou o cego enxergar, não.

Embora os demônios saiam através da oração de amor ou do dom da cura, é bem provável que eles voltem depois de algum tempo. Já quando uma pessoa que se encontra no quinto nível da fé expulsa os espíritos malignos, eles não podem retornar.

Dessa maneira, podemos considerar que estamos no quinto nível da fé somente quando somos completamente capazes de mostrar esses cinco tipos de sinais. Podemos mostrar obras muito maiores, com mais autoridade e poder, além dos dons do Espírito, quando estamos neste nível.

Nos dias de hoje, onde muitas pessoas estão totalmente manchadas de maldade e pecado, elas têm a tendência de ter fé somente quando vêem sinais maravilhas mais poderosos do que as pessoas do tempo de Jesus tinham.

É por isso que Deus quer que Seus filhos não apenas tenham uma fé espiritual e completa, mas também mostrem sinais, acompanhando-os, para que eles possam levar inúmeras pessoas ao caminho da salvação.

Você deve, portanto, tentar receber a força, autoridade e poder, sabendo que pode fazer o que Jesus fez e, inclusive, obras ainda maiores, se tiver a fé de Cristo, que agrada a Deus.

Que você possa expandir grandemente o reino de Deus e realizar a Sua justiça com esse tipo de fé, assim que se tornar capaz e brilhar eternamente no céu como o sol, em nome de Jesus Cristo, eu oro!

Capítulo 10

Diferentes Coroas e Lugares Celestiais

A MEDIDA DA FÉ

"Não se perturbe o coração de vocês.

Creiam em Deus; creiam também em mim.

Na casa de meu Pai há muitos aposentos;

se não fosse assim, eu lhes teria dito.

Vou preparar-lhes lugar.

E se eu for e lhes preparar lugar,

voltarei e os levarei para mim,

para que vocês estejam onde eu estiver."

(João 14:1-3)

Para um atleta olímpico, ganhar uma medalha deve ser um momento muito marcante, afinal ele pôde conquistá-la não por um acaso, mas depois de muito tempo de um treinamento brutal, para que suas habilidades fossem melhoradas além da abstenção de seus hobbies e comidas favoritas. Ele conseguiu suportar todo o treinamento pesado, devido ao seu forte desejo pela medalha de ouro e sabia que seu esforço seria lindamente recompensado.

O mesmo acontece com os cristãos. Na corrida espiritual para o reino dos céus, temos de lutar o bom combate da fé, bater em nossos corpos (na carne) e escravizá-los, se quisermos receber o melhor prêmio. As pessoas do mundo fazem grande esforço para receber glória e prêmios mundanos. O que, pois, devemos fazer para receber o prêmio e a glória no eterno reino dos céus?

As Escrituras dizem em 1 Coríntios 9:24,25: *"Vocês não sabem que de todos os que correm no estádio, apenas um ganha o prêmio? Corram de tal modo que alcancem o prêmio. Todos os que competem nos jogos se submetem a um treinamento rigoroso, para obter uma coroa que logo perece; mas nós o fazemos para ganhar uma coroa que dura para sempre".*

Essa passagem nos encoraja a termos autocontrole em todas as coisas e a corrermos sem cessar, ansiando pela glória que desfrutaremos em breve e eternamente.

Examinemos, então, em detalhes, como podemos possuir o reino dos céus de glória e como alcançar uma melhor habitação celestial.

1. O Céu é Conquistado Somente pela Fé

Existem muitas pessoas que apesar de terem honra, poder, riqueza, prosperidade e muito conhecimento, não sabem de onde o homem vem, para que vive, e para onde ele vai. Elas simplesmente acham que o homem nasce, come, bebe, vai à escola, trabalha, se casa e vive até voltar ao pó, depois de sua morte.

Todavia, aqueles que pertencem a Deus, que aceitaram Jesus Cristo, não pensam de tal maneira. Eles sabem que seu Pai verdadeiro é que lhes dá a vida, porque acreditam que Ele criou o primeiro homem, Adão, e permitiu que ele e seus descendentes se multiplicassem, dando a eles a semente da vida. Portanto, vivem para glorificar a Deus quer comam, bebam ou façam qualquer outra coisa, pois sabem a razão pela qual foram criados. Também vivem de acordo com a vontade de Deus por saberem que serão salvos, irão para o reino de Deus e terão a vida eterna; e que, se não estivessem no caminho do Pai, poderiam ser punidos com o fogo eterno no inferno.

Aqueles que têm fé são filhos de Deus com cidadania do céu. O Pai quer que saibam claramente sobre o reino dos céus e que sejam cheios da esperança por seus aposentos ali, pois quanto mais pessoas souberem a respeito do reino dos céus, mais ativamente poderão viver com fé nesta vida.

Podemos ir para o céu somente pela fé, logo, somente aqueles que são salvos pela fé irão para lá. Mesmo se tivermos muito dinheiro e toda a honra e poder, não podemos ir para lá com nossas próprias forças. Só aqueles que têm o direito de filhos de Deus, aceitando Jesus Cristo e vivendo pela Sua Palavra podem ir para o céu e desfrutar das bênçãos e da vida eterna.

A salvação nos tempos do Velho Testamento

Isso significa que quem não sabe nada sobre Jesus não pode ser salvo? Não, não é o caso. O tempo do Velho Testamento era o tempo da lei, ou seja, as pessoas recebiam a salvação dependendo se viviam ou não de acordo com a Lei, a palavra de Deus. No entanto, nos tempos do Novo Testamento, depois que João Batista veio a esse mundo e testemunhou Jesus Cristo, as pessoas têm sido salvas pela fé Nele.

Até mesmo em nosso tempo há pessoas que não aceitaram Jesus Cristo, porque ainda não tiveram uma oportunidade de ouvir sobre Ele. Tais pessoas não seriam julgadas por sua consciência (Para mais sobre isso, leia *A Mensagem da Cruz*). Hoje, muitas pessoas parecem interpretar mal a vontade de Deus a respeito da salvação. Acham, muitas vezes, que uma pessoa pode ser salva só se professar sua fé com seus lábios, dizendo: "Eu creio em Jesus Cristo como meu Salvador", porque, nos tempos do Novo Testamento, Deus nos dá a graça da salvação através de Jesus Cristo. Essas pessoas acham que não precisam tentar viver pela Sua Palavra e o pecado, na verdade, não é um grande problema – o que é algo absolutamente falso.

O que, então, significa ser salvo pelas obras no Velho

Testamento ou pela fé, no Novo Testamento?

Jesus não veio a este mundo para salvar aqueles que não vivem de acordo com a Palavra de Deus; Ele veio para direcionar as pessoas a viver segundo a Sua Palavra, não apenas por obras, mas também em seu coração.

É por isso que Jesus declara em Mateus 5:17: *"Não pensem que vim abolir a Lei ou os Profetas; não vim abolir, mas cumprir"*. Ele também nos lembra que quando cometemos um pecado em nosso coração, esse já é considerado pecado: *"Vocês ouviram o que foi dito: 'Não adulterarás'. Mas eu lhes digo: Qualquer que olhar para uma mulher para desejá-la, já cometeu adultério com ela no seu coração"* (Mateus 5:26,27).

A salvação nos tempos do Novo Testamento

Nos tempos do Velho Testamento, mesmo se uma pessoa cometesse adultério em seu coração, aquilo não era considerado pecado, a menos que ela o colocasse em atos. Só quando o adultério era cometido na ação, a pessoa era considerada pecadora e o povo a apedrejava até a morte (Deuteronômio 22:21-24). Da mesma forma, se alguém era muito mau em seu coração, tinha intenções de matar e roubar, mas não as demonstrava em obras, ele poderia ser salvo porque não era considerado culpado de pecado.

Então, vamos dar uma olhada em 1 João 3:15 para entendermos o que significa ser salvo pela fé nos tempos do Novo Testamento: *"Quem odeia seu irmão é assassino, e vocês sabem que nenhum assassino tem a vida eterna em si mesmo"*.

Nos tempos do Novo Testamento, mesmo se a pessoa não

pecar em obras, não pode ser salva se pecar no coração, pois ambas as coisas são pecado.

Portanto, no Novo Testamento, alguém com a intenção de roubar, já é um ladrão; se olha para uma mulher desejando-a, já adulterou; e se odeia seu irmão e pensa em matá-lo, já é um assassino. Sabendo disso claramente, devemos receber a salvação mostrando a Deus a nossa fé em obras sem pecar em nosso coração.

Devemos nos livrar das atitudes e desejos da natureza pecaminosa

Na Bíblia, podemos achar freqüentemente termos como, "a natureza pecaminosa", "carne", "as obras da carne", "o corpo de pecado", e assim por diante. Contudo, é muito difícil achar pessoas que saibam o verdadeiro significado desses termos, até mesmo dentre os crentes.

De acordo com um dicionário, não há diferença de significado entre "carne" e "corpo", mas de acordo com a Bíblia, são duas coisas com dois significados espirituais diferentes. A fim de entendermos tais termos, precisamos primeiro conhecer o processo pelo qual o pecado veio ao homem.

O primeiro homem como um espírito vivo era uma pessoa espiritual sem qualquer inverdade em si, porque Deus lhe tinha ensinado apenas o conhecimento da vida. A morte, no entanto, veio sobre ele quando cometeu um pecado de desobediência ao comer do fruto da árvore do conhecimento do bem e do mal, pois não obedeceu à ordem de Deus em sua mente *Pois o salário do pecado é a morte, mas o dom gratuito de Deus é a vida eterna em Cristo Jesus, nosso Senhor"* (Romanos 6:23).

Como o espírito, que havia exercido o papel de seu mestre, morreu, Adão não podia mais se comunicar com Deus. Além disso, ele como uma criatura, tinha de temer o Deus Criador e guardar o Seu mandamento, mas não lhe obedeceu, mesmo sendo aquele o único e todo o dever do homem. Foi expulso do Jardim do Éden e teve que viver neste mundo, passando por lágrimas, sofrimentos, doenças e morte. Ele e seus descendentes vieram a cometer pecados, à medida que, gradativamente, se tornavam maus, de geração em geração.

Nesse processo de se tornar manchado com o pecado, quando o conhecimento da vida dado originalmente por Deus é retirado do homem, chamamos esse estado de "corpo", e quando os atributos pecaminosos são combinados com esse "corpo", chamamos isso de "carne".

Portanto, "a carne" é um termo genérico que se refere aos invisíveis, mas latentes atributos do coração de alguém, os quais são capazes de se desenvolverem e virarem ações, se a pessoa não se livrar deles. Quando dividimos e categorizamos a carne em atributos detalhados, chamamos então tais atributos de "os desejos da carne".

A inveja, os ciúmes e o ódio, por exemplo, são invisíveis, mas podem ser demonstrados em obras a qualquer hora, se estiverem em nosso coração. É por isso que Deus os considera pecado.

Assim, se não nos livramos dos desejos da carne, eles são revelados em ação e, quando o são, já passam a ser chamados de "obras da carnes". E quando as atitudes detalhadas da natureza pecaminosa são reunidas, são chamadas de "carne".

Em outras palavras, quando dividimos a carne em obras

detalhadamente, as chamamos de "obras da carne". Se temos a intenção de espancar alguém, por exemplo, esse tipo de coração pertence aos "desejos da carne", e se chegamos realmente a bater na pessoa, então isso é uma "obra da carne".

Qual é o significado espiritual de "carne" como definido em Gênesis 6:3?

> *Então disse o SENHOR: "Por causa da perversidade do homem, meu Espírito não contenderá com ele para sempre; pois este é carnal".*

Esse versículo nos lembra que Deus não quer estar para sempre com pessoas que não vivem pela Sua Palavra, mas cometem pecados e se tornam "carnais".

A Bíblia nos diz, entretanto, que todas as vezes, Deus estava com pessoas espirituais como Abraão, Moisés, Elias, Noé e Daniel, que só buscavam a verdade e viviam pela Palavra de Deus. Portanto, sabendo que as pessoas carnais que não vivem pela Palavra de Deus não podem ser salvas, devemos lutar e nos livrar rapidamente, não apenas das obras da carne, mas também de seus desejos.

Os carnais não herdarão o reino de Deus

Uma vez que Deus é amor, Ele dá a todos aqueles, que reconhecerem que são pecadores, o direito de se tornarem seus filhos e dá a eles o Espírito Santo como um dom, se arrependerem de seus pecados e aceitarem Jesus Cristo como seu Salvador.

Quando recebemos o Espírito Santo como um dom, concebemos nosso espírito através do Espírito Santo e o nosso espírito morto é revificado.

Logo, podemos receber a salvação e ter a vida eterna, pois não somos mais carnais, mas espirituais. No entanto, se continuamos praticando as obras da carne, não somos salvos, porque Deus não estará conosco.

As obras da carne são definidas detalhadamente em Gálatas 5:19-21:

> *Ora, as obras da carne são manifestas: imoralidade sexual, impureza e libertinagem; idolatria e feitiçaria; ódio, discórdia, ciúmes, ira, egoísmo, dissensões, facções e inveja; embriaguez, orgias e coisas semelhantes. Eu os advirto, como antes já os adverti: Aqueles que praticam essas coisas não herdarão o Reino de Deus.*

Jesus também nos diz em Mateus 7:21: *"Nem todo aquele que me diz: 'Senhor, Senhor', entrará no Reino dos céus, mas apenas aquele que faz a vontade de meu Pai que está nos céus"*. Além do mais, ao dizer-nos mais e mais vezes na Bíblia que os injustos, que não vivem de acordo com a Sua vontade, mas fazem as obras da carne, não podem entrar no céu. Deus quer que todos recebam a salvação só pela fé e alcancem o céu.

Se queremos receber a salvação pela fé

Romanos 10:9,10 diz: *"Se você confessar com a sua boca*

que Jesus é Senhor e crer em seu coração que Deus o ressuscitou dentre os mortos, será salvo. Pois com o coração se crê para justiça, e com a boca se confessa para salvação".

O tipo de fé que Deus deseja é o que acreditamos com o coração e confessamos com nossa boca. Em outras palavras, se realmente cremos em nosso coração que Jesus se tornou o nosso Salvador através da ressurreição no terceiro dia depois de Sua crucificação, somos justificados, livrando-nos dos pecados e vivendo pela Palavra de Deus. Quando confessamos com nossa boca, enquanto vivemos nesse caminho de acordo com Sua vontade, podemos ser salvos, porque tal confissão é verdadeira.

É por essa razão que Romanos 2:13 diz: *"Porque não são os que ouvem a Lei que são justos aos olhos de Deus; mas os que obedecem à Lei, estes serão declarados justos".* As Escrituras também nos dizem em Tiago 2:26: *"Assim como o corpo sem espírito está morto, também a fé sem obras está morta".*

Podemos mostrar a nossa fé com obras somente quando acreditamos na Palavra de Deus em nosso coração, e não, quando A armazenamos em nós apenas como mais um pedaço de conhecimento. Quando o conhecimento é plantado em nosso coração, as ações são conseqüências.

Portanto, se antes odiávamos, podemos ser transformados em pessoas que amam. Se éramos ladrões, podemos ser transformados de modo a não roubar mais. Se ainda vivemos na escuridão, com amor pelo mundo e confessamos a nossa fé apenas com os lábios, ela está morta, pois não tem nada a ver com a salvação.

Está escrito em 1 João 1:7: *"Se, porém, andarmos na luz, como ele está na luz, temos comunhão uns com os outros, e o sangue de Jesus, seu Filho, nos purifica de todo pecado".*

Quando a verdade está em nós, no entanto, nós naturalmente andamos na luz, porque vivemos por ela. Tornamo-nos justos, devido à fé em nosso coração e saímos da escuridão indo para a luz, livrando-nos dos pecados. Do contrário, estaremos mentindo para Deus se ainda estivermos vivendo na escuridão, cometendo pecados e maldades. Assim sendo, devemos possuir rapidamente a fé acompanhada por obras.

Devemos andar na luz

Deus nos ordena que lutemos contra o pecado ao ponto de derramarmos nosso sangue, (Hebreus 12:4) porque Ele quer que sejamos perfeitos como Ele é perfeito (Mateus 5:48), e santos como Ele é santo (1 Pedro 1:16).

Nos tempos do Velho Testamento, as pessoas eram salvas apenas pelo fato de terem atos perfeitos; elas não tinham de se livrar dos pecados em seus corações, porque tal coisa era impossível de se fazer com suas próprias forças.

Se pudéssemos nos livrar dos nossos pecados por conta própria, Jesus não teria que ter vindo em carne. No entanto, como não podemos resolver o problema do pecado e nem ser salvos pela nossa própria força ou habilidade, Ele foi crucificado, e dá, a qualquer um que creia nisso, o Espírito Santo, como um dom e o leva à salvação.

Dessa forma, podemos nos livrar de todo tipo de maldade com a ajuda do Espírito Santo e participar da natureza divina por causa Dele. Ele vem para o nosso coração e nos convence do pecado, da justiça e do juízo.

Portanto, não devemos nos satisfazer só com o fato de ter aceitado Jesus Cristo, mas devemos orar fervorosamente, livrar-nos de todo tipo de mal e andar na luz com a ajuda do Espírito Santo, até sermos capazes de participar da natureza divina.

A única maneira de ir para o céu é ter fé espiritual, acompanhada de obras, como vemos em Mateus 7:21: *"Nem todo aquele que me diz: 'Senhor, Senhor', entrará no Reino dos céus, mas apenas aquele que faz a vontade de meu Pai que está nos céus"*. Devemos também nos esforçar ao máximo até atingir a medida da fé de pais, porque os aposentos celestiais serão determinados pela medida da fé de cada pessoa.

Espero que você participe da natureza divina e vá para a Nova Jerusalém, na qual está o trono de Deus.

2. O Céu Conquistado pela Força

Deus nos deixa colher o que plantamos e nos recompensa conforme o que fazemos, porque Ele é justo. Portanto, até mesmo no céu, cada pessoa é recompensada com diferentes lugares celestiais, de acordo com a medida de sua fé e diferentes prêmios lhes são dados, de acordo com o quanto serviu e se devocionou ao reino de Deus. Ele, que sacrificou o Seu próprio e único Filho para nos dar a vida eterna, espera ansiosamente que seus filhos entrem e vivam para sempre com Ele no melhor aposento celestial, na Nova Jerusalém.

Durante a história deste mundo, uma forte nação entrou em conflito em uma guerra contra uma outra nação, relativamente mais fraca, e aumentou seu território. A fim de conquistar o território de outra nação, teve que invadi-la e derrotá-la em outra guerra.

Da mesma maneira, se somos filhos de Deus com cidadania celestial, devemos avançar em direção ao céu, com esperança fervorosa, pois sabemos bem sobre o mesmo. Alguns podem se perguntar como nos ousamos avançar em direção aos céus, onde está o reino do Poderoso Deus. Portanto, devemos entender primeiramente o significado espiritual de "o céu conquistado pela força" e então como conquistá-lo pela força.

Desde os dias de João Batista

Jesus nos diz em Mateus 11:12: *"Desde os dias de João Batista até agora, o Reino dos céus é tomado à força, e os que usam de força se apoderam dele"*. Os dias antes de João Batista se referem aos dias da Lei, nos quais as pessoas eram salvas por seus atos.

O Velho Testamento é a sombra do Novo; os profetas haviam feito as pessoas saber sobre Jeová e profetizaram sobre o Messias. No entanto, a partir de João Batista, a nova era do Novo Testamento, chamada de a Nova Promessa, foi aberta, cumprindo-se as profecias do Velho Testamento.

O nosso Salvador veio em estágio da história da espécie humana não como uma sombra, mas como sendo Ele mesmo. João Batista começou a dar testemunho de Jesus e, desde então, começou a era da graça, na qual qualquer um pode receber a salvação, aceitando Jesus como seu Salvador e recebendo o Espírito Santo.

Qualquer um que aceita Jesus Cristo e crê em Seu nome,

recebe o direito de se tornar filho de Deus e entrar no céu. Deus, entretanto, dividiu o céu em vários lugares e deixa que cada um de seus filhos tenha um lugar, de acordo com sua medida de fé, pois Ele é justo e recompensa a cada um(a) segundo o que ele(a) fez. Somente aqueles que foram totalmente santificados, vivendo através da Palavra e que cumpriram completamente a sua missão, podem entrar na Nova Jerusalém, na qual está o trono de Deus.

Assim sendo, além de precisarmos ter fé para entrar no céu, devemos também nos esforçar para obter lá uma habitação cada vez melhor, pois ela varia de acordo com a medida da nossa fé.

Dos dias de João Batista até a segunda vinda de nosso Senhor, qualquer um que avançar em direção ao céu, irá conquistá-lo. Jesus nos diz em João 14:6: *"Eu sou o Caminho, a Verdade e a Vida. Ninguém vem ao Pai, a não ser por mim"*.

O Senhor nos diz que ninguém pode ir ao Pai senão através Dele, pois Ele é o Caminho que leva ao céu, a Verdade em si, e a Vida. Por essa razão, Ele veio a este mundo e deu testemunho de Deus, para que pudéssemos entender as coisas Dele claramente, e nos ensinou, Ele próprio, como ir para o céu, tornando-se um modelo para nós.

O céu é divivido em diferentes lugares

O céu é o reino de Deus onde os Seus filhos salvos viverão para sempre. Diferentemente deste mundo, é o reino da paz, sem mudanças ou corrupção. É cheio de alegria e felicidade e não tem doenças, sofrimento, dor ou morte, pois Satanás, seus demônios e o pecado não estão ali.

Mesmo se tentarmos imaginar como deve ser o céu, ainda

ficaremos totalmente pasmos e admirados quando virmos de fato sua beleza e o brilho. Como deve ser maravilhoso o céu que Deus, Criador Todo Poderoso do universo, fez, onde Seus filhos viverão para sempre!

Jesus diz em João 14:2: *"Na casa de meu Pai há muitos aposentos; se não fosse assim, eu lhes teria dito. Vou preparar-lhes lugar"*. Neemias também menciona vários "céus", *"Só tu és o SENHOR. Fizeste os céus, e os mais altos céus, e tudo o que neles há, a terra e tudo o que nela existe, os mares e tudo o que neles existe. Tu deste vida a todos os seres, e os exércitos dos céus te adoram"* (Neemias 9:6).

Antigamente, as pessoas achavam que havia apenas um céu, mas hoje, com o desenvolvimento da ciência, sabemos que há inúmeros espaços além do que podemos ver a olhos nus. Para nossa surpresa, Deus já havia registrato esse fato na Bíblia.

O Rei Salomão, por exemplo, já havia falado sobre vários céus: *"Mas será possível que Deus habite na terra? Os céus, mesmo os mais altos céus, não podem conter-te. Muito menos este templo que construi!"*(1 Reis 8:27). O apóstolo Paulo disse em 2 Coríntios 12:2-4 que ele havia sido guiado ao Paraíso no terceiro céu e Apocalipse 21 descreve a Nova Jerusalém, na qual está o trono de Deus.

Portanto, devemos reconhecer que o céu não consiste apenas de um aposento, mas de vários. Classificarei o céu em alguns lugares, de acordo com a medida da fé e os nomearei de Paraíso, o Primeiro Reino, o Segundo Reino, o Terceiro Reino e a Nova Jerusalém. O Paraíso é para aqueles com a menor fé; o Primeiro Reino é para aqueles com fé melhor em comparação à daqueles do Paraíso; o Segundo Reino é para aqueles com fé maior que a dos do Primeiro Reino e o Terceiro Reino é para os que têm fé maior que a dos que estão no Segundo Reino. No Terceiro Reino está a Cidade Santa de Nova Jerusalém, onde está o trono de Deus.

O reino dos céus é conquistado pela força daqueles que têm fé

Na Coréia, existem ilhas como a de Ul-lŭng e a de Jeju, áreas rurais e montanhosas, grandes e pequenas cidades, municípios e áreas metropolitanas. Na cidade capital, Seul, fica localizada a residência oficial do presidente, Cheong Wa Dae.

Assim como uma nação é dividida em muitos distritos por conveniência e propósitos administrativos, o reino dos céus também é dividido em vários lugares, seguindo um padrão estrito. Ou seja, o nosso lugar é determinado pelo que vivemos, segundo o coração de Deus.

Deus se alegra muito quando vivemos com a esperança pelo céu, pois ela é a prova de que temos fé e, ao mesmo tempo, é um atalho para vencermos a batalha contra nosso inimigo, Satanás e seus demônios, e sermos santificados, livrando-nos rapidamente das obras e desejos da carne.

Depois que aceitamos Jesus Cristo, percebemos que é fácil nos livrarmos das obras da carne, mas livrarmo-nos de seus desejos é bem difícil, pois os atributos do pecado estão arraigados em nós.

É por isso que aqueles que têm fé verdadeira tentam orar e jejuar continuamente, para que possam se santificar, livrando-se completamente dos desejos da carne também.

O céu é conquistado pela fé, e cada lugar e aposento celestial é determinado de acordo com o que cada um fez, pois o céu é onde Deus governa com justiça e amor. Em outras palavras, o lugar celestial para aquele que está no primeiro nível da fé é diferente do lugar de quem está no segundo, ou no terceiro, quarto e, assim por diante. Quanto maior o nível da nossa fé, mais bonito e glorioso será o lugar onde iremos morar eternamente.

Temos que avançar em direção ao céu

Portanto, se estamos qualificados apenas para entrar no Paraíso, precisamos lutar para avançar em direção ao Primeiro Reino e os melhores lugares do céu. À medida que avançamos em direção ao céu, contra quem lutamos? Travamos uma batalha contra o diabo, se queremos segurar nossa fé neste mundo e irmos em direção às portas do céu.

Nosso inimigo faz de tudo para levar as pessoas por uma caminho oposto ao de Deus, para que não possam ir para o céu; faz com que duvidem, para que não possam ter fé; por fim, levam-nas para a morte, fazendo-as cometer pecados. É por essa razão que temos que derrotar o diabo. Entraremos em um melhor lugar celestial, somente quando parecermos com o Senhor, lutando contra os pecados a ponto de derramar nosso sangue.

Suponha um lutador de box. Ele passa por todos os tipos de treinamentos difíceis para se tornar um campeão mundial. Sabe que através do treinamento duro, ele pode se tornar um campeão e, então, desfrutar da honra, riqueza e prosperidade. No entanto, deve passar por muita dor e luta contra ele mesmo, até conquistar seu desejado título.

O mesmo acontece com o fato de tomarmos posse do céu e

avançarmos em sua direção. Devemos lutar para nos santificar, livrando-nos de todo tipo de maldade e cumprir os deveres que nos foram dados por Deus. Podemos vencer uma batalha espiritual para conquista do céu, através da oração fervorosa, mesmo se Satanás tentar incessantemente atrapalhar o nosso avanço em direção ao reino celestial.

Uma outra coisa que devemos saber é que a luta contra o diabo não é tão difícil, na verdade. Qualquer pessoa que tem fé é capaz de vencer a batalha contra Satanás e seus demônios, porque Deus a guia e ajuda com muitos anjos e o Espírito Santo.

Devemos tomar posse do céu, avançar em sua direção e obter a vitória com fé. Depois que um lutador de box ganha o título do campeonato, ele deve lutar para retê-lo. Contudo, a luta para entrarmos no céu é alegre e prazerosa, pois, quanto mais vencemos, mais leve fica o nosso jugo de pecado. Sempre que vencemos uma batalha, ficamos muito contentes e ela se torna mais fácil a cada dia, porque tudo vai bem conosco e podemos desfrutar de boa saúde, na medida em que nossa alma vai bem.

Além disso, mesmo se um lutador se torna um campeão mundial e recebe honra, riqueza e prosperidade, tudo desaparece com a sua morte. Entretanto, a glória e as bênçãos que recebemos depois de uma batalha para avançarmos em direção ao céu, duram para sempre.

Para que, então, devemos tentar fazer o nosso melhor e lutar? Devemos ser pessoas sábias, que alcancem céus melhores, avançando em sua direção pela força, em busca da vida eterna, ao invés das coisas terrenas.

Se queremos avançar em direção ao céu pela fé

Quando Jesus explica sobre o céu, Ele ensina as pessoas através de parábolas que apresentam coisas terrenas, para que possam entendê-las melhor. Uma delas é a parábola do grão de mostarda:

E contou-lhes outra parábola: "O Reino dos céus é como um grão de mostarda que um homem plantou em seu campo. Embora seja a menor dentre todas as sementes, quando cresce torna-se a maior das hortaliças e se transforma numa árvore, de modo que as aves do céu vêm fazer os seus ninhos em seus ramos" (Mateus 13:31,32).

Quando, como uma caneta, fazemos um pontinho em um papel, vemos algo do tamanho semelhante ao da semente de mostarda. E mesmo a semente sendo pequena, ela cresce e se torna uma grande árvore, para que pássaros possam encontrar nela um lugar para fazer seus ninhos. Jesus usa essa parábola para nos mostrar o processo do crescimento da fé: mesmo se temos uma fé pequena hoje, podemos alimentá-la de modo a se tornar realmente grande.

Em Mateus 17:20, Jesus nos diz: *"Eu lhes asseguro que se vocês tiverem fé do tamanho de um grão de mostarda, poderão dizer a este monte: 'Vá daqui para lá', e ele irá. Nada lhes será impossível"*. Em resposta à demanda de Seus discípulos de:"Aumenta a nossa fé", Jesus replica em Lucas 17:6: *"Se vocês tiverem fé do tamanho de uma semente de mostarda, poderão dizer a esta amoreira: 'Arranque-se e plante-se no mar', e ela lhes obedecerá"*.

Podemos nos perguntar como podemos mover uma árvore ou uma montanha de lugar, apenas ordenando-as com uma fé do tamanho de um grão de mostarda. Contudo, nem mesmo a menor letra ou o menor pontinho feito por uma caneta não desaparecerão de forma alguma da Palavra de Deus.

Qual é então o significado espiritual desses versículos? Quando aceitamos Jesus e recebemos o Espírito Santo, a nossa fé é pequena como uma semente de mostarda. Essa pequena fé brota e cresce, quando plantada no campo do nosso coração. Quando cresce e se torna uma grande fé, podemos então fazer uma montanha mudar de lugar apenas ordenando-a, além de manifestar poderosas obras de Deus, como fazer o cego enxergar, o surdo ouvir, o mudo falar e o morto reviver.

Não está certo se pensarmos, no entanto, que não temos nenhuma fé, porque não podemos mostrar obras do poder de Deus ou porque ainda temos problemas em nossos negócios ou família. Estamos caminhando para o caminho da vida eterna, indo à igreja, louvando e orando, porque temos fé, mesmo que pequena como um grão de mostarda. O que acontece é que simplesmente ainda não experienciamos as poderosas obras de Deus, pois a nossa medida de fé está pequena.

Portanto, nossa fé que é do tamanho de um grão de mostarda precisa crescer para se tornar uma fé grande o suficiente para fazer uma montanha mudar de lugar. Da mesma maneira que plantamos uma semente de uva e a cultivamos enquanto brota, floresce e dá fruto, a nossa fé também cresce em um processo semelhante.

Devemos possuir fé espiritual

O mesmo acontece quando estamos avançando em direção ao reino dos céus. Não podemos entrar na Nova Jerusalém apenas dizendo: "Sim, eu creio". Devemos conquistá-la com um passo de cada vez, começando do Paraíso. A fim de alcançarmos a Nova Jerusalém, devemos saber claramente como chegar lá. Se não soubermos o caminho, não podemos conquistá-la ou podemos até ficar parados apesar dos nossos esforços.

Os israelitas que saíram do Egito se queixaram contra Moisés e lamentaram porque não tinham fé suficiente para dividir o Mar Vermelho. Então, Moisés, que tinha uma grande fé para mover até uma montanha, teve que dividir o mar em duas partes. Nos entanto, a fé daqueles israelitas ficou estagnada, mesmo depois de terem acabado de testemunhar aquele grande acontecimento.

Eles ainda fizeram a imagem de um bezerro e se curvaram a ela, enquanto Moisés estava jejuando e orando no Monte Sinai para receber os Dez Mandamentos (Êxodo 32). Deus realmente não gostou daquilo e disse a Moisés: *"Deixe-me agora, para que a minha ira se acenda contra eles, e eu os destrua. Depois farei de você uma grande nação"* (v. 10). Os israelitas ainda não tinham fé espiritual para obedecer a Deus, embora já tivessem visto muitos sinais e maravilhas se manifestarem através de Moisés.

Por fim, a primeira geração dos israelitas do tempo do êxodo não pôde entrar em Canaã, com exceção de Josué e Calebe. Como foi a segunda geração do Êxodo com Josué e Calebe?

Assim que os sacerdotes que carregavam a Arca de Deus pisaram no Rio Jordão, sob a liderança de Josué, a correnteza parou e todos os israelitas puderam atravessá-lo.

E ainda, em obediência à ordem de Deus, marcharam ao redor da Cidade de Jericó por sete dias e deram um alto grito para que ela então caísse. Puderam experienciar obras maravilhosas do poder de Deus, não porque tinham alguma força física, mas porque obedeceram à direção dada por Josué, que tinha uma grande fé, suficiente para mudar uma montanha de lugar. Foi também nessa época que os israelitas adquiriram fé espiritual.

Como Josué podia ter uma fé tão forte? Ele pôde herdar experiência e fé de Moisés, com quem havia passado 40 anos em meio ao deserto. Da mesma maneira que Elias herdou uma porção dobrada do espírito de Eliseu seguindo-o até o fim, Josué, como sucessor de Moisés, que também já havia sido reconhecido por Deus, tornou-se um homem de grande fé, servindo e obedecendo a Moisés, enquanto o seguia. Como resultado, ele operou obras poderosas como a de até parar o sol e a lua (Josué 10:12,13).

E o mesmo aconteceu com os israelitas que seguiram a Josué. A primeira geração do êxodo, que tinha 20 anos de idade para cima, sofreu por quatro décadas e morreu no deserto. Contudo, os seus descendentes que seguiram a Josué puderam entrar em Canaã, pois vieram a ter fé espiritual, ao passarem por vários tipos de dificuldades e provações.

Precisamos entender claramente o que é fé espiritual. Algumas pessoas dizem que já tiveram grande fé no passado e que eram servos leais em sua igreja. Entretanto, dizem também que não são mais fiéis, porque a sua fé, de alguma forma, desapareceu ou diminuiu. Seu argumento, todavia, não é válido, porque a fé espiritual nunca muda. O que aconteceu com eles é que no passado eles tinham a fé do conhecimento e, por isso, ela mudou. Se eles realmente tivessem fé espiritual, ela não teria desaparecido ou diminuído ao longo do tempo.

Imaginemos um lenço branco. Quando o mostro para você, pergunto: "Você crê que este lenço é branco?" Claro que sua resposta será "Sim". Suponhamos então que dez anos se passaram e eu, segurando o mesmo lenço, digo: "Este lenço é branco. Você crê?" Como você responderia? Ninguém seria cético em relação à sua cor ou diria que o lenço seja preto, independente do tempo que se passou. Da mesma forma que cria que o lenço era branco, há dez ou vinte anos atrás, creio que seja hoje.

Há uma outra parábola. Se visitarmos a Terra Santa, veremos que eles vendem semente de mostarda em envelopes. Certo dia, um homem comprou e plantou as sementes de mostarda no campo, mas elas não brotaram – as forças de vida dentro delas morreram, porque demorou muito tempo para serem plantadas.

Da mesma forma, mesmo se você aceitou Jesus Cristo, recebeu o Espírito Santo e tem fé do tamanho de um grão de mostarda, o Espírito Santo em você pode ser apagado, se você não semear fé no campo de seu coração por um longo período de tempo. É por essa razão que 1 Tessalonicenses 5:19 nos alerta: *"Não apaguem o Espírito"*. A nossa fé, mesmo se for pequena como uma semente de mostarda agora, pode crescer gradativamente, quando a plantamos no campo do nosso coração e a colocamos em prática por meio de obras. Entretanto, se não vivermos pela Palavra de Deus por muito tempo, desde quando recebemos o Espírito Santo, o fogo do Espírito pode ser apagado.

Conquistando o céu com fé espiritual

Portanto, temos que viver pela Palavra de Deus se aceitamos Jesus Cristo e recebemos o Espírito Santo. Em obediência à Palavra de Deus, devemos nos livrar dos pecados, orar, louvar, estar em companhia de irmãos e irmãs em Cristo, espalhar o evangelho e amar uns aos outros.

Nossa fé crescerá à medida que a cultivarmos dessa forma. Quando estamos em companhia dos nossos irmãos e irmãs, por exemplo, a nossa fé pode crescer porque podemos glorificar a Deus, compartilhando testemunhos e tendo conversas na verdade.

Podemos ver que a fé de uma pessoa é influenciada pela fé daqueles com quem ela convive. Se os pais de uma criança têm boa fé, esta também tem grande tendência de ter boa fé. Se nosso amigo tem boa fé, a nossa fé também cresce, pois ela se parecerá com a fé dele.

Por outro lado, como nosso inimigo, Satanás e seus demônios, tenta tirar-nos a nossa fé, devemos não apenas nos armar com a Palavra de Deus a todo o tempo, mas também orar sem cessar a fim de vencermos a batalha espiritual, estando sempre alegres e dando sempre graças a Deus por tudo, com o poder e a autoridade de Deus.

Então, a nossa fé, que é pequena como uma grão de mostarda, cresce e se torna uma grande árvore, cheia de folhas e flores, que dará muitos frutos. Tornamo-nos capazes de glorificar a Deus, produzindo abundantemente os nove frutos do Espírito Santo, o fruto do amor espiritual e o fruto da luz.

Sabemos o quanto um agricultor tem que ter de paciência e

fazer de esforço, desde o momento em que planta as sementes até a colheita. Da mesma maneira, não podemos conquistar o céu simplesmente indo à igreja. Também precisamos trabalhar e lutar espiritualmente para fazê-lo ser nosso.

Quando evangelizamos pessoas, podemos encontrar algumas que dizem que querem ficar bastante ricas e curtir a vida primeiro, para depois começarem a ir à igreja – quando já estiverem ficando velhas. Como são tolas! Não sabemos o que vai acontecer amanhã ou quando o nosso Senhor irá voltar.

Além disso, não podemos adquirir fé em um dia, e ela também não cresce de uma hora para a outra. É claro que a fé, como conhecimento, podemos tê-la o quanto quisermos. Mas, só podemos ter a fé espiritual dada por Deus, quando realizamos a Palavra de Deus e vivemos por Ela ardentemente.

Um agricultor não planta suas sementes em qualquer lugar. Ele faz a terra ficar fértil primeiro para depois plantar e tomar conta de sua plantação, regando-a, fertilizando-a, etc. Só então é que as plantas podem crescer bem e ele pode colher em abundância. Da mesma maneira, se temos fé do tamanho de uma semente de mostarda, temos de plantá-la e cultivá-la, para que ela então possa crescer e se tornar uma grande árvore na qual pássaros vêm e descansam.

Por um lado, "o pássaro" na Parábola do Semeador, em Mateus 13:1-9, representa o inimigo que come as sementes da Palavra de Deus que caem pelo caminho.

Por outro lado, "pássaros", em Mateus 13:31,32, já significa pessoas: *"O Reino dos céus é como um grão de mostarda que um homem plantou em seu campo. Embora seja a menor dentre todas as sementes, quando cresce, torna-se a maior das hortaliças e se transforma numa árvore, de modo que as aves do céu vêm fazer os seus ninhos em seus ramos".*

Assim como muitos pássaros descansam e fazem seus ninhos em uma grande árvore, quando a nossa fé cresce até a última medida, muitas pessoas podem descansar espiritualmente em nós, porque, com a graça de Deus, somos capazes de compartilhar a nossa fé com elas e fortalecê-las.

O quanto mais nos santificamos, mais amor e virtude espiritual possuímos. Como conseqüência, passamos a abraçar emocionalmente as pessoas, o que é o atalho para avançar pela força em direção ao céu.

Jesus diz em Mateus 5:5: *"Bem-aventurados os mansos, pois eles receberão a terra por herança."* Essa passagem nos ensina que o quanto mais a nossa fé cresce, mais nos tornamos mansos, e maior lugar no céu iremos herdar.

Glória no céu de acordo com o nível da nossa fé

O apóstolo Paulo comenta sobre os nossos corpos ressurrectos em 1 Coríntios 15:41: *"Um é o esplendor do sol, outro o da lua, e outro o das estrelas; e as estrelas diferem em esplendor umas das outras".* Todos nós receberemos uma diferente medida de glória no céu, porque Deus recompensa a cada um de acordo com suas obras.

Aqui, o "esplendor do sol" se refere à glória que aqueles que estão completamente santificados e fiéis em toda a casa de Deus terão; o "esplendor da lua" se refere à glória das pessoas que não conseguiram obter o esplendor do sol; e o "esplendor das estrelas" se refere à glória daqueles que têm uma fé mais fraca que a fé das pessoas com o esplendor da lua.

A parte que diz "e as estrelas se diferem em esplendor uma das outras" significa que, assim como cada estrela se difere uma da outra por seu brilho, cada um de nós receberá recompensas e posições no céu depois da ressurreição, mesmo se entrarmos em um mesmo lugar celestial.

Dessa maneira, a Bíblia nos diz que cada um terá uma glória diferente, quando entrar no céu depois da ressurreição. Isso nos leva a perceber que os nossos lugares celestiais e recompensas serão diferentes de acordo com a fé espiritual que possuímos, livrando-nos dos nossos pecados, e o quanto somos fiéis ao reino de Deus enquanto vivemos neste mundo.

Contudo, as pessoas que são más ou preguiçosas, para se livrarem de seus pecados e serem fiéis aos seus deveres, não poderão entrar no céu, mas serão jogadas na escuridão (Mateus 25). Assim sendo, devemos avançar pela força em direção ao lindo céu com fé.

Como avançar em direção ao céu

As pessoas deste mundo gastam toda a sua vida visando a obter riquezas que não poderão ter para sempre. Algumas trabalham duro para comprar uma casa e outras estudam e ficam até sem dormir para que possam conseguir empregos melhores. Se as pessoas fazem seu melhor para terem vidas melhores aqui neste mundo, que dura relativamente muito pouco, o quanto mais devemos nos esforçar para ter a vida eterna no céu? Examinemos em detalhes como devemos avançar em direção ao céu:

Primeiramente, devemos obedecer à Palavra de Deus. Ela nos incentiva a continuar a trabalhar a nossa salvação com temor e tremor (Filipenses 2:12). O inimigo irá roubar a nossa fé, se não estivermos acordados. Portanto, devemos considerar a Palavra de Deus, que é "mais doce que o mel" (Salmo 19:10) e cumpri-La. Seremos salvos não quando chamarmos "Senhor, Senhor", mas quando agirmos de acordo com a vontade de Deus, com a ajuda do Espírito Santo.

Em segundo lugar, devemos vestir toda a armadura de Deus. A fim de sermos fortes no Senhor e no seu grande poder e levar a nossa postura *contra os esquemas de Satanás, devemos colocar toda a armadura de Deus. A nossa luta não é contra carne ou sangue, mas contra os poderes e autoridades, contra os dominadores deste mundo de trevas, contra as forças espirituais do mal nas regiões celestiais. Por isso, devemos vestir toda a armadura de Deus, para que possamos resistir no dia mau e permanecer inabaláveis, depois de termos feito tudo.* (Efésios 6:10-13).

Portanto, devemos permanecer firmes, com o cinturão da verdade atado em volta da nossa cintura, com a couraça da justiça em seu devido lugar e com os nossos pés calçados com a preparação do evangelho da paz. Devemos também tomar o escudo da fé, com o qual podemos apagar os dardos inflamados do maligno, o capacete da salvação e a espada do Espírito, que é a Palavra de Deus. Além disso, devemos *orar no Espírito em todas as ocasiões, com toda oração e súplica; e, tendo isso em mente, estejam atentos e perseverem na oração por todos os santos* (Efésios 6:14-18). O lugar onde iremos habitar no céu será determinado pelo quanto vestimos a armadura de Deus e o quanto derrotamos nosso inimigo.

Em terceiro lugar, devemos ter amor espiritual em todo o tempo. Com fé, podemos entrar no céu, e com esperança pelo céu, podemos cumprir a Verdade. Com o poder do amor, também podemos ser santificados e fiéis em todos os nossos deveres.

Além do mais, podemos entrar na Nova Jerusalém, o lugar mais lindo do céu, quando temos o perfeito amor, pois Deus é amor.

Como o apóstolo Paulo diz em 1 Coríntios 13:13: *"Assim, permanecem agora estes três: a fé, a esperança e o amor. O maior deles, porém, é o amor"*, temos de avançar em direção ao céu com amor espiritual. Precisamos saber também que o lugar onde iremos morar no céu será determinado com base no quanto de amor realizamos.

3. Diferentes Coroas e Lugares Celestiais

As pessoas no mundo tridimensional não sabem sobre o céu, que é parte do mundo tetradimencional. Entretanto, como pessoas de fé, ficamos entusiasmados e cheios de alegria só de ouvir a palavra "céu", pois o reino dos céus é o lar onde iremos morar eternamente. Se aprendermos em detalhes sobre o céu, além da nossa alma ir bem, a nossa fé também crescerá mais rápido, pois tornamo-nos cheios de esperança pelo reino celestial.

No céu há muitos lugares que Deus preparou para Seus filhos (Deuteronômio 10:14; 1 Reis 8:27; Neemias 9:6; Salmo 148:4; João 14:2). Cada um de nós habitará em um lugar diferente, que será de acordo com a medida da nossa fé, e por Deus ser justo, Ele nos faz colher o que plantamos (Gálatas 6:7) e nos recompensa de acordo com o que fizemos (Mateus 16:27; Apocalipse 2:23).

Como já mencionado, o reino dos céus é dividido em vários lugares como o Paraíso, o Primeiro Reino, o Segundo Reino e o Terceiro Reino, no qual está a Nova Jerusalém. O trono de Deus está na Nova Jerusalém da mesma maneira que a casa oficial do presidente da Coréia, Cheong Wa Dae está na cidade capital Seul, e a do presidente dos EUA, a Casa Branca, está na cidade capital Washington, D.C.

A Bíblia também nos diz sobre vários tipos de coroas, que serão entregues como prêmios para os filhos de Deus. Entre muitas missões, levar almas ao Senhor e construir Seu santuário, tudo é digno de grandes prêmios.

Há várias maneiras de levar almas ao Senhor. Podemos evangelizar pessoas, ajudar tal esforço dando vários tipos de ofertas, ou evangelizar as pessoas indiretamente, trabalhando fielmente no reino de Deus com nossos vários talentos. Tais meios indiretos de levar as almas a Jesus também são importantes para aumentar o reino de Deus, assim como cada parte do nosso corpo nos é indispensável.

A participação direta, no entanto, na evangelização de pessoas e na construção do santuário no qual elas se reunirão, merece maior recompensa, porque tais coisas significam matar a sede de Jesus e dar valor ao Seu sangue.

Há diferentes padrões pelos quais ganhamos coroas no céu, e o grau de sua preciosidade difere de uma coroa para outra. Pela coroa de uma pessoa poderemos saber a medida de sua santidade, prêmio e lugar no céu, do mesmo modo como as pessoas na época da monarquia podiam saber o status social de alguém apenas pela sua roupa.

Vamos, pois, nos aprofundar um pouco mais na relação que há entre a medida da fé, os lugares no céu e as coroas.

Paraíso para pessoas que estiverem no primeiro nível da fé

O Paraíso é o lugar mais baixo do céu, mas ainda assim, inimaginavelmente alegre, feliz, lindo e cheio de paz em comparação com este mundo. Além do mais, só de pensar em lugar sem nenhum pecado dá para supor quão bom deve ser! É importante dizer também que o Paraíso é muito melhor que o Jardim do Éden, onde Deus colocou Adão e Eva, depois que os formou.

O Paraíso é um lugar lindo onde flui o Rio da Vida que nasce no trono de Deus e vai descendo pelos Reinos. De um lado do Rio está a árvore da vida, que frutifica doze vezes, produzindo um fruto a cada mês (Apocalipse 22:2)

O Paraíso é para aqueles que aceitaram Jesus Cristo, mas não tiveram obras de fé. Ou seja, as pessoas que estão no primeiro nível de fé, que tiveram como única experiência espiritual receber a salvação e o Espírito Santo, entram no Paraíso. Nele não há coroas e nem prêmios, pois é para pessoas que não mostram obras de fé.

Encontramos em Lucas 23:43 Jesus dizendo ao criminoso que estava na cruz ao seu lado; *"Eu lhe garanto: Hoje você estará comigo no paraíso"*. Isso não significa necessariamente que Jesus só fica no Paraíso; Jesus está em todos os lugares no céu, pois Ele é o Mestre do céu. Também podemos ler na Bíblia que Jesus, depois de Sua morte, desceu às profundezas da terra e não ao Paraíso. Efésios 4:9 pergunta: *"Que significa "ele subiu", senão que também havia descido às profundezas da terra?"*. E também, em 1 Pedro 3:18,19 podemos ver: *"Pois também Cristo sofreu pelos pecados uma vez por todas, o justo pelos injustos, para conduzir-nos a Deus. Ele foi morto no corpo, mas vivificado pelo Espírito, no qual também foi e pregou aos espíritos em prisão que há muito tempo desobedeceram, quando Deus esperava pacientemente nos dias de Noé, enquanto a arca era construída".* Em outras palavras, Jesus foi às profundezas da terra, pregou o Evangelho ali e ressuscitou no terceiro dia.

Portanto, as palavras de Jesus: *"Hoje você estará comigo no paraíso",* significam que Ele previu o fato em fé de que aquele criminoso seria salvo e iria para o Paraíso. Ele recebeu a salvação 'vergonhosa' e foi para o Paraíso, porque tinha apenas aceitado Jesus, logo antes de morrer. Não lutou contra os pecados ou cumpriu os seus deveres para com o reino de Deus.

O Primeiro Reino do céu

Que tipo de lugar é o Primeiro Reino do céu? Assim como há uma grande diferença entre o Paraíso e este mundo, o Primeiro Reino é incomparavelmente mais alegre e cheio de felicidade que o Paraíso.

Se a felicidade de alguém, que está no Primeiro Reino, fosse comparada a um peixe dourado em um aquário, a felicidade de alguém que está no Segundo Reino pode ser comparada à felicidade de uma baleia em meio ao vasto Oceano Pacífico. E assim como um peixe dourado de um aquário de sente confortável e feliz dentro do mesmo, aquele que está no Primeiro Reino se sente satisfeito em estar onde está e verdadeiramente feliz.

Agora devemos, pois, saber que há diferenças na medida da felicidade entre cada lugar do céu. Será que dá para imaginarmos que vida gloriosa terão aqueles que desfrutarão da Nova Jerusalém, onde está o trono de Deus? Será uma vida brilhante, linda e de tirar o fôlego dentre todas as coisas que podemos imaginar. É por isso que devemos diligentemente crescer de fé em fé, esperando pela Nova Jerusalém, sem nos satisfazermos com o Paraíso ou com o Primeiro Reino.

Quando nos tornamos filhos de Deus, ao aceitarmos Jesus Cristo como nosso Salvador, com a ajuda do Espírito Santo, podemos logo alcançar o segundo nível da fé no qual tentamos viver pela Palavra. Nessa fase, esforçamo'nos o máximo para manter a Palavra de Deus à medida que A aprendemos, mas ainda não conseguimos fazê-lo por completo.

O mesmo acontece com um bebê que não tem nem um ano de idade ainda e tenta se levantar em vão, apesar de repetidas caídas. Depois de muita prática é que ele consegue se levantar, andar devagar e logo depois de algum tempo, tentar correr. Para a sua mãe, como é adorável e amável ver seu filho se desenvolver como o esperado!

O mesmo ocorre com os estágios da fé. Assim como o bebê tenta levantar, andar e correr porque ele está vivo, a fé, por também ter vida em si, avança, a fim de alcançar o segundo nível da fé, e depois o terceiro. Portanto, Deus dá o Primeiro Reino àqueles, cuja fé está no segundo nível, porque Ele também os ama.

Uma coroa imperecível

Receberemos uma coroa no Primeiro Reino do céu. Há vários tipos de coroas no céu da maneira como este é dividido em vários lugares: uma coroa incorruptível, uma coroa de glória, uma coroa de vida, uma coroa de ouro e uma coroa de justiça. Entre essas coroas, a coroa incorruptível é que será dada aos que forem para o Primeiro Reino.

2 Timóteo 2:5,6 diz: *"Semelhantemente, nenhum atleta é coroado como vencedor, se não competir de acordo com as regras. O lavrador que trabalha arduamente deve ser o primeiro a participar dos frutos da colheita".* Da mesma forma como recebemos recompensa pelo nosso trabalho neste mundo, receberemos recompensa quando caminharmos pelo estreito caminho em direção ao céu.

Um atleta recebe uma medalha de ouro ou uma coroa de flores somente depois que completa o percurso de acordo com as regras e vence. Assim também poderemos receber uma coroa somente quando completarmos o percurso da Palavra de Deus e avançarmos pela força em direção ao céu.

Jesus disse: *"Nem todo aquele que me diz: 'Senhor, Senhor', entrará no Reino dos céus, mas apenas aquele que faz a vontade de meu Pai que está nos céus"* (Mateus 7:21). Mesmo quando uma pessoa diz acreditar em Deus, se ela ignorar a lei espiritual, a lei de Deus, não pode receber nenhuma coroa, pois a sua fé é a fé como conhecimento e é como se fosse um atleta que não compete de acordo com as regras.

No entanto, mesmo se nossa fé é fraca, seremos recompensados com uma coroa incorruptível se tentarmos competir na corrida de acordo com as regras de Deus. Receberemos uma coroa incorruptível, porque pudemos ser considerados como pessoas que participaram e competiram na corrida de acordo com as regras.

A corrida de uma pessoa com fé é uma luta espiritual contra o diabo e o pecado. O prêmio para quem vence a luta, superando o inimigo diabo, é uma coroa incorruptível.

Suponhamos que vamos ao culto de domingo de manhã mas encontramos com nossos amigos pela tarde. Neste caso, não podemos nem receber uma coroa incorruptível, porque já teremos perdido a batalha contra Satanás e seus demônios.

1 Coríntios 9:25 diz: *"Todos os que competem nos jogos se submetem a um treinamento rigoroso, para obter uma coroa que logo perece; mas nós o fazemos para ganhar uma coroa que dura para sempre"*.

Da mesma maneira como todos que competem em um jogo se submetem a treinamentos pesados e jogam segundo as regras, também devemos nos submeter a treinamento pesado e viver pela Palavra de Deus, se quisermos alcançar o céu. Ao vermos que Deus prepara uma coroa incorruptível para aqueles que tentarem viver segundo a Sua lei neste mundo, lembrando-se de seus esforços, percebemos como o amor de Deus é abundante!

Além disso, diferentemente do Paraíso, as recompensas são preparadas para aqueles que alcançam o Primeiro Reino. A devida glória e recompensa serão dadas àqueles que entrarem lá, porque tais pessoas se esforçaram pelo reino de Deus em nome do Senhor.

O Segundo Reino

O Segundo Reino do céu é um nível mais alto que o do Primeiro Reino. As pessoas no terceiro nível de fé, que vivem pela Palavra de Deus, podem ir para o Segundo Reino. Ao redor da capital da Coréia, Seul, há cidades-satélite e, ao redor destas, há as pequenas cidades ou municípios.

Da mesma maneira, no céu, Nova Jerusalém está localizada no meio do Terceiro Reino e ao redor do Terceiro Reino estão o Segundo Reino, o Primeiro e o Paraíso. Entretanto, é claro que os lugares no céu não são espalhados da maneira como as cidades são neste mundo.

Com conhecimento humano limitado, não podemos entender corretamente a forma maravilhosa e misteriosa do céu. Precisamos tentar entendê-la o máximo possível, mas ainda assim não conseguiremos entender como ela é, por mais que tentemos imaginar. Além do mais, para começarmos a entender o céu, é necessário que tenhamos fé: à medida que ela cresce, mais o entendemos, pois ele não pode ser entendido por meio de nenhum artefato ou artimanha deste mundo.

O Rei Salomão, que desfrutou de grande riqueza, prosperidade e poder, lamentou em sua velhice, dizendo: *"'Que grande inutilidade!', diz o mestre. 'Que grande inutilidade! Nada faz sentido!' O que o homem ganha com todo o seu trabalho em que tanto se esforça debaixo do sol?"* (Eclesiastes 1:2,3)

Em Tiago 4:14, também somos lembrados: *"Vocês nem sabem o que lhes acontecerá amanhã! Que é a sua vida? Vocês são como a neblina que aparece por um pouco de tempo e depois se dissipa".* A grande riqueza e prosperidade deste mundo duram apenas por um pouco, logo perecem.

Comparada à vida eterna, a vida que vivemos hoje é como uma névoa que aparece e depois desaparece. Mas a coroa que Deus nos dá, por outro lado, é eterna e incorruptível; é algo tão precioso e valoroso, que se torna um motivo de orgulho para nós.

Então, o quão insignificante será a vida de uma pessoa, se ela não pode dar glórias a Deus enquanto professa sua fé Nele! Contudo, se estamos no terceiro nível da fé, como fazemos tudo com sinceridade, ouvimos freqüentemente as pessoas ao nosso redor dizerem: "Depois que o conheci, comecei a ir à igreja por conta própria!"

Dessa maneira, glorificamos a Deus e é por isso que Ele nos recompensa com uma coroa de glória.

Uma coroa de glória

Em 1 Pedro 5:2-4, podemos ver Deus nos encarregando de algo:

Pastoreiem o rebanho de Deus que está aos seus cuidados. Olhem por ele, não por obrigação, mas de livre vontade, como Deus quer. Não façam isso por ganância, mas com o desejo de servir. Não ajam como dominadores dos que lhes foram confiados, mas como exemplos para o rebanho. Quando se manifestar o Supremo Pastor, vocês receberão a imperecível coroa da glória.

Se entramos no terceiro nível da fé, passamos a emanar o aroma de Cristo, porque a nossa fala e comportamento mudam o suficiente para nos tornar luz e sal nesta terra, à medida que nos livramos dos nossos pecados, resistindo-lhes, a ponto de derramarmos nosso sangue. Se uma pessoa que ficava brava facilmente com os outros, se torna mansa e fala apenas bem dos outros, as pessoas que a conhecem dirão: "Ela mudou tanto depois que se tornou cristã!", então Deus é glorificado através de tal pessoa.

Portanto, a coroa eterna de glória será dada àquele que se tornar um bom exemplo às ovelhas, pois ele glorifica a Deus, livrando-se diligentemente dos pecados e sendo fiel ao cumprir o dever que lhe foi dado por Deus. Tudo aquilo que fizemos em nome do Senhor e para cumprir o nosso dever, ao mesmo tempo em que estávamos nos livrando dos pecados, no céu estava sendo colhido como um prêmio.

As glórias deste mundo apodrecerão, mas a glória que damos a Deus nunca desaparecerá e retornará a nós, quando a coroa de glória nos for entregue.

De vez em quando podemos nos perguntar: 'Aquela pessoa parece ser perfeita em todos os aspectos, tendo as atitudes parecidas com a do Senhor, ao ser fiel na obra de Deus. Mas como ela ainda tem maldade em si?'

Em tal caso, ela ainda não está completamente santificada, lutando contra os pecados, mas glorifica a Deus ao fazer o seu melhor para cumprir seu dever e é por isso que receberá uma coroa de glória que dura para sempre.

E por que o nome "coroa de glória"? A maioria das pessoas recebe um prêmio pelo menos uma ou duas vezes em sua vida.

Quanto maior o prêmio que recebemos, mais feliz e orgulhosos nós ficamos. Contudo, ao olharmos um pouco para trás, podemos sentir que a glória deste mundo não vale a pena, pois o certificado de mérito se torna apenas um pedaço de papel, o troféu fica coberto de poeira e a memória, por mais forte que seja, vai se tornando vaga.

A coroa que recebemos no céu, entretanto, nunca mudará. É por isso que Jesus nos diz: *"Mas acumulem para vocês tesouros nos céus, onde a traça e a ferrugem não destroem, e onde os ladrões não arrombam nem furtam"* (Mateus 6:20).

Portanto, a "coroa de glória", quando comparada às coroas deste mundo, nos mostra que o seu brilho e glória durarão para sempre. Ao vermos que até mesmo uma simples coroa no céu já é eterna e incorruptível, imaginemos o quão perfeito o resto deve ser por lá!

Então, como as pessoas no lugar mais baixo do céu – no Paraíso ou no Primeiro Reino – se sentirão, quando alguém com uma coroa de glória a visitar? No céu, as pessoas de lugares mais baixos admiram, amam e respeitam, do fundo de seu coração, a pessoa que se encontra em uma posição mais alta, curvando-se a ela, mesmo sem levantar os olhos da maneira como as pessoas se curvavam diante de seu rei no passado.

Portanto, as pessoas não odeiam ou sentem ciúmes ou inveja da que possui uma coroa de glória, pois não há maldade no céu. No céu não nos sentiremos incomodados ou orgulhosos, se nos curvarmos a alguém ou alguém se curvar em respeito diante de nós, porque vivemos em um lugar mais alto. As pessoas simplesmente mostram seu respeito ou recebem umas às outras com amor, considerando todos como seres preciosos.

O Terceiro Reino

O Terceiro Reino do céu é para aqueles que vivem completamente pela Palavra de Deus e têm a fé de um mártir, desconsiderando sua própria vida por amor de Deus. As pessoas que estão no quarto nível da fé estão preparadas para morrer pelo Senhor.

Muitos cristãos foram mortos no final da Dinastia Chosun na Coréia. Durante aquele período, houve grande perseguição e opressão contra o Cristianismo. O governo chegou até a prometer recompensas para aqueles que indicassem onde cristãos estavam. Todavia, os missionários dos Estados Unidos e Europa não tiveram medo da morte e espalharam o evangelho de forma ainda mais ardente. Muitas pessoas foram mortas até que o evangelho viesse a frutificar como o vemos hoje.

Assim sendo, se você quer ser um missionário em outro país, aconselho-o a ter fé de um mártir. Embora aquele que trabalha como missionário possa passar por dificuldades e tribulações em uma nação diferente da sua, ele poderá trabalhar com alegria e ações de graças ali porque sabe que sua dor e sofrimento serão ricamente recompensados no céu.

Algumas pessoas podem pensar: 'No momento, vivo em uma nação onde não há perseguição, uma vez que há liberdade de religião por aqui. Assim, sinto-me muito mal por não poder morrer pelo reino de Deus, embora eu tenha fé como um mártir.' Esse, contudo, não é o caso. Nos dias de hoje, diferentemente dos dias da igreja primitiva, muitas vezes não precisamos morrer para pregarmos o evangelho.

É claro que, se necessário, deve haver mártires sim. Mas, se podemos fazer as obras de Deus com a fé de sacrificar nossas próprias vidas, Ele não ficaria ainda mais feliz se não morrêssemos como mártires?

Além disso, Deus, que sonda o nosso coração, sabe o tipo de fé que teremos em situações ameaçadoras a favor do evangelho; Ele conhece as profundezas e o centro do nosso coração. Talvez, seja mais precioso viver a morrermos como mártires; como diz um velho ditado: "Viver é mais difícil que morrer".

Em nosso dia-a-dia podemos nos deparar com muitas questões de vida ou morte, que requerem de nós uma fé de mártir. Orar e jejuar dia e noite, por exemplo, é impossível sem uma resolução forte e fé, pois aquele que jejua e ora, o faz a fim de receber respostas de Deus, correndo o risco de perder a sua vida. Que tipos de pessoa, então, podem entrar no Terceiro Reino do céu? Aquelas que são completamente santificadas.

No começo da igreja (em geral), como havia muitas pessoas que eram capazes de morrer por Jesus Cristo, muitos então, provavelmente, foram para o Terceiro Reino. Entretanto, hoje, são realmente muito poucas as pessoas que são distinguidas por se livrar de seus pecados diante de Deus e entrar no Terceiro Reino, pois a maldade no homem tem sido muito grande sobre a terra.

Aqueles, cuja fé é a de pais, podem entrar no Terceiro Reino, uma vez que se livram de todos os seus pecados, superando todos os tipos de dificuldades e tribulações, santificando-se completamente e sendo fiéis, a ponto de morrer, se necessário. Logo, Deus os considera preciosos, faz com que Seus anjos os guardem e os cubram com a nuvem de glória.

A coroa da vida

Que tipo de coroa as pessoas do Terceiro Reino receberão? Elas serão recompensadas com a coroa da vida, como Jesus promete em Apocalipse 2:10: *"Seja fiel até a morte, e eu lhe darei a coroa da vida".*

Aqui, "ser fiel" não significa simplesmente sermos fiéis em nosso dever na igreja. É extremamente importante que livremos de todo tipo de mal, lutando contra nossos pecados a ponto de derramarmos nosso sangue e não nos comprometermos com o mundo. Quando alcançamos um coração limpo e santo, lutando, a ponto de morrer se necessário, recebemos a coroa da vida.

A coroa da vida também nos é dada quando entregamos nossa vida pelo nosso próximo e pelos nossos amigos, e quando perseveramos nas provações depois de as termos resistido (João 15:13; Tiago 1:12).

Quando as pessoas se vêem diante de provações, por exemplo, muitas passam por tais momentos sem um coração grato, ficam desorientadas, sem perseverança ou reclamam a Deus.

Já aquelas que conseguem passar por tais momentos com alegria podem ser consideradas como completamente santificadas. Aquele que ama muito a Deus pode ser fiel a ponto de morrer e superar qualquer provação com alegria.

Há também grandes diferenças no que diz respeito aos tipos de vida das pessoas que vão depender do nível de fé onde elas se encontram. A pessoa que se encontra no quarto nível da fé, não pode ser prejudicada em nada por indivíduos com maldade em seu coração, e quando alguma doença a ataca, ela fica sabendo imediatamente e coloca a sua mão sobre a parte doente de seu corpo e logo ela é curada. Depois, a pessoa que se encontra no quinto nível da fé já não é sequer atacado por doenças, pois a luz da glória irradia nela a todo o tempo.

O principal propósito de Deus ao criar os seres humanos é desenvolver e ganhar filhos verdadeiros que sejam capazes de entrar no Terceiro Reino para cima. Cada lugar no céu é lindo e alegre de se morar, mas o céu no sentido mais real, está, na verdade, é do Terceiro Reino para cima, onde os filhos perfeitos e santos de Deus podem entrar e viver. É uma área separada para os filhos mais achegados a Deus, que viveram de acordo com Sua vontade. Lá podem ver a Deus face a face.

E uma vez que o Deus de amor quer que todos vão para o Terceiro Reino do céu, Ele nos ajuda a nos santificar com a ajuda do Espírito , dando-nos Sua graça e poder, quando oramos fervorosamente e ouvimos a Palavra da Vida.

Provérbios 17:3 nos diz: *"O crisol é para a prata e o forno é para o ouro, mas o SENHOR prova o coração"*. Deus nos refina de modo a fazer-nos ser filhos de verdade, no sentido de termos a fé do quinto nível.

Espero que você possa ser santificado rapidamente, livrando-se rapidamente de seus pecados, lutando contra eles a ponto de derramar seu sangue, e possua a perfeita fé que Deus deseja que tenhamos.

Nova Jerusalém

O quanto mais sabemos a respeito do céu, mais misterioso vemos que ele é. A Nova Jerusalém é o lugar mais lindo do céu e abriga o trono de Deus. Algumas pessoas se enganam ao pensar que todas as almas salvas viverão na Nova Jerusalém, ou que o céu todo é a Nova Jerusalém; mas este não é o caso.

Em Apocalipse 21:16,17, a dimensão da cidade de Nova Jerusalém é registrada: largura, comprimento e altura, cada um de mais ou menos 2.200 km; e seu perímetro é de mais ou menos 9 km. Essa área é um pouco menor que a da Cidade Proibida, na China.

O céu ficaria lotado, se todas as almas salvas fossem para Nova Jerusalém ou se ela fosse todo o céu. O reino de Deus, portanto, tem um espaço inimaginável e a Nova Jerusalém é apenas uma parte dele.

Então, quem está qualificado para entrar na Nova Jerusalém?

Felizes os que lavam as suas vestes, e assim têm direito à árvore da vida e podem entrar na cidade pelas portas (Apocalipse 22:14).

Aqui, "vestes" se referem ao nosso coração e obras, e "lavar as vestes" significa que temos de nos preparar como a noiva de Jesus Cristo com boa conduta, à medida que continuamos purificando o nosso coração.

O "direito à árvore da vida" indica que seremos salvos pela fé e iremos para o céu. "Entrar na cidade pelas portas" significa que passaremos pelas portas de pérolas de Nova Jerusalém depois de passarmos pelas portas de cada reino do céu, de acordo com o crescimento da nossa fé. Ou seja, à medida que nos santificamos, podemos nos aproximar mais e mais da Cidade Santa, onde está o trono de Deus.

Dessa maneira, só podemos entrar na Nova Jerusalém, quando estamos no quinto nível da fé no qual agradamos a Deus, tornando-nos completamente santificados e fiéis em todos os nossos deveres. A fé que agrada a Deus é o tipo de fé que pode mover o coração de Deus e fazê-Lo até perguntar-nos: "O que posso fazer por você?", antes de Lhe pedirmos qualquer coisa. É a perfeita fé espiritual, a fé de Jesus Cristo que, em toda a Sua vida, agiu segundo o coração de Deus.

> *Jesus, embora sendo Deus, não considerou que o ser igual a Deus era algo a que devia apegar-se; mas esvaziou-se a si mesmo, vindo a ser servo, tornando-se semelhante aos homens. E, sendo encontrado em forma humana, humilhou-se a si mesmo e foi obediente até a morte (Filipenses 2:6-8).*

Portanto, Deus O exaltou à mais alta posição e Lhe deu o nome que está acima de todo nome, (Filipenses 2:9), a glória de se assentar à direita de Deus, e a autoridade de ser o Rei dos reis e Senhor dos senhores.

Da mesma forma, a fim de entrarmos na Nova Jerusalém, devemos ser obedientes até a morte, como Jesus, se essa for a vontade de Deus. Algumas pessoas podem se perguntar: "Parece que ser obediente até a morte está além das minhas forças. Será que posso ter a fé do quinto nível?"

De fato, tais confissões vêm de sua fé fraca. Depois que aprendemos sobre a Nova Jerusalém, nenhum de nós faz tal confissão mais, pois nos tornamos esperançosos pela vida eterna em tal lugar tão lindo.

Enquanto eu descrevo brevemente as características da Nova Jerusalém, use a sua imaginação e desfruta da felicidade e dos charmosos espetáculos da Cidade Santa.

A beleza de Nova Jerusalém

Da mesma forma como uma noiva se prepara de modo a ficar linda e elegante para seu noivo, Deus prepara e enfeita Nova Jerusalém do mais lindo modo. A Bíblia a descreve em Apocalipse 21:10,11:

> *Ele me levou no Espírito a um grande e alto monte e mostrou-me a Cidade Santa, Jerusalém, que descia dos céus, da parte de Deus. Ela resplandecia com a glória de Deus, e o seu brilho era como o de uma jóia muito preciosa, como jaspe, clara como cristal.*

Adicionando a essas características, também sabemos que seu muro é feito de jaspe e tem doze fundamentos. As doze portas são feitas de doze pérolas, cada porta com uma pérola, e a grande rua da cidade é de puro ouro, como vidro transparente (Apocalipse 22:11-21).

Por que Deus descreveu em detalhes a rua, o muro e outras lindas e grandes estruturas da cidade? Neste mundo, o ouro é a coisa que as pessoas mais valorizam e desejam ter. Preferem o ouro porque além de precioso, nunca perde seu valor, mesmo com o passar do tempo.

Entretanto, na Nova Jerusalém, até a rua onde as pessoas caminham é de ouro e o muro é feito de pedras preciosas. Você consegue imaginar a beleza das outras coisas que estão dentro dos muros dessa cidade? É por isso que Deus descreve a rua e o muro da cidade dessa forma.

Uma outra coisa a ser obeservada é que a cidade não precisa que o sol ou lâmpadas a iluminem, pois a luz de Deus dá luz a toda ela, e nunca há noite. Há também o Rio da Vida, claro como cristal, fluindo do trono de Deus e do Cordeiro pelo meio da rua principal da cidade.

Em um de seus lados há praias com areia de ouro e prata e a árvore da vida, que frutifica doze vezes, produzindo um fruto a cada mês. As pessoas passeiam pelos jardins que Deus criou com várias árvores e flores. Todo lugar da cidade é cheio de paz e felicidade por causa da brilhante luz e amor do nosso Senhor Jesus Cristo. Tais lugares não conseguem ser descritos com palavras deste mundo.

Só de ver essas vistas brilhantes e magníficas lá, você já ficará totalmente emocionado, feliz, cheio de alegria: mansões que são feitas de ouro e pedras preciosas e ruas transparentes de ouro com um brilho deslumbrante. É um mundo além da nossa imaginação e a sua dignidade e glória não podem ser medidas.

A cidade não precisa de sol nem de lua para brilharem sobre ela, pois a glória de Deus a ilumina, e o Cordeiro é a sua candeia (Apocalipse 21:23).

Então o anjo me mostrou o rio da água da vida que, claro como cristal, fluía do trono de Deus e do

Cordeiro, no meio da rua principal da cidade. De cada lado do rio estava a árvore da vida, que frutifica doze vezes por ano, uma por mês. As folhas da árvore servem para a cura das nações (Apocalipse 22:1,2).

Para quem, então, esse lugar tão lindo está preparado? Deus fez a Nova Jerusalém para, dentre todos os salvos, os Seus filhos de verdade, que são santos e perfeitos como Ele. É por essa razão que Ele nos incentiva a nos santificar, dizendo: *"Afastem-se de toda forma de mal"* (1 Tessalonicenses 5:22), *"Sejam santos, porque eu sou santo"* (1 Pedro 1:16), e *"Portanto, sejam perfeitos como perfeito é o Pai celestial de vocês"* (Mateus 5:48).

Entretanto, mesmo se santificando completamente, algumas pessoas entrarão na Nova Jerusalém e outras não – irão permanecer no Terceiro Reino – dependendo do quanto se assemelharam ao coração do Senhor e do quanto o colocou em prática através de obras. Aqueles que entram na Nova Jerusalém não apenas se santificaram, mas também agradaram a Deus entendendo e buscando o Seu coração e obedecendo-Lhe até a morte, de acordo com Sua vontade.

Imaginemos que em uma família haja dois filhos. Um dia, o pai volta do trabalho e diz que está com sede. O filho mais velho sabe que seu pai prefere um refrigerante e então lhe traz um copo com o mesmo. Além de tudo, ele ainda massageia seu pai e o ajuda a relaxar. Já o filho mais novo, por outro lado, traz um copo de água e volta para o seu quarto para estudar. Dos dois, qual fez seu pai sentir-se mais confortável e satisfeito, conhecendo-o bem? É evidente que o filho mais velho.

Da mesma forma, há uma diferença entre aqueles que vão para a Nova Jerusalém e aqueles que vão para o Terceiro Reino do céu, no que diz respeito ao quanto agradaram a Deus e o quão fiéis foram em tudo, entendendo e buscando o coração do Pai.

Jesus diferencia a fé do quinto nível como a fé que agrada a Deus a fim de fazer com que entendamos a vontade do Pai mais a fundo. Deus nos diz que Ele se agrada muito com as pessoas que se santificam com fé. Ele diz que se alegra com aqueles que anseiam por salvar almas pregando o evangelho. Deus diz que aqueles que são fiéis ao expandir Seu reino e justiça são amáveis aos Seus olhos.

A coroa de ouro ou da justiça

A coroa de ouro ou da justiça será dada às pessoas que se encontrarem na cidade de Nova Jerusalém. Tais coroas são as mais gloriosas do céu e são colocadas apenas em ocasiões especiais como o grande banquete. Apocalipse 4:4 nos diz: *"Ao redor do qual estavam outros vinte e quatro tronos, e assentados neles havia vinte e quatro anciãos. Eles estavam vestidos de branco e na cabeça tinham coroas de ouro"*. Os vinte e quatro anciãos são qualificados para sentarem ao redor do trono de Deus. Aqui, "anciãos" se referem, não aos literais anciãos da igreja, mas àqueles que são reconhecidos como pessoas que seguem o coração de Deus. Estas são completamente santificadas e fazem tanto o santuário visível como o invisível em seus corações.

Em 1 Coríntios 3:16,17, Deus nos diz que o Seu Espírito faz nossos corações como santuários. Portanto, Ele "destruirá" qualquer um que desonrar o Seu santuário. Construir um santuário invisível é tornar-nos pessoas de espírito, livrando-nos dos nossos pecados; e, contruir um santuário visível é cumprir completamente o dever que temos neste mundo.

O número "vinte e quatro" de "vinte e quatro anciãos" representa todas as pessoas que, não apenas entram pela porta da salvação pela fé como as doze tribos de Israel, mas também se santificam completamente e são fiéis como os doze discípulos de Jesus. "Vinte e quatro anciãos" simboliza as pessoas que são totalmente santificadas, completamente fiéis em seus deveres e reconhecidas por Deus. Ele as recompensa com coroas de ouro, porque têm fé preciosa como puro ouro.

Deus dá a coroa da justiça para aqueles que, além de se livrarem de seus pecados, cumprem seus deveres para satisfazê-Lo com a fé que Lhe agrada – como fez o apóstolo Paulo. Paulo enfrentou muitas dificuldades e perseguições pela justiça. Esforçou-se ao máximo e persistiu em todas as coisas de fé em fé para alcançar o reino de Deus e sua justiça. A todo o tempo e em todas as coisas, glorificou a Deus e mostrou o Seu poder em todos os lugares que foi. É por essa razão que ele pôde dizer: *"Agora me está reservada a coroa da justiça, que o Senhor, justo Juiz, me dará naquele dia; e não somente a mim, mas também a todos os que amam a sua vinda"* (2 Timóteo 4:8).

Assim, nós acabamos de estudar sobre o céu, como avançar em sua direção e os diferentes lugares e coroas retribuídas a nós de acordo com a medida da fé de cada um.

Que você possa se tornar um cristão sábio, que anseia não por coisas perecíveis, mas eternas; e que, de fé em fé, possa avançar em direção ao céu e desfrutar da eterna glória e felicidade da Nova Jerusalém, em nome do nosso Senhor Jesus Cristo, eu oro!

O Autor:
Dr. Jaerock Lee

Dr. Jaerock Lee nasceu em Muan, Província Jeolla Sul, República da Coréia do Sul, em 1943. Aos vinte e poucos anos, Dr. Lee já sofria de várias doenças incuráveis, e por sete anos seguidos esperou a morte sem esperança de recuperação. Um dia, durante a primavera de 1974, foi levado por sua irmã a uma Igreja e, quando se ajoelhou para orar, o Deus vivo imediatamente o curou de todas as suas enfermidades.

Desde o momento em que Dr. Lee conheceu o Deus vivo através daquela incrível experiência, ele O amou com todo o seu coração e sinceridade e, em 1978, foi chamado para ser servo Seu. Ele orava fervorosamente para que pudesse entender claramente a vontade de Deus, obedecê-la e cumpri-la totalmente. Então, em 1982, ele fundou a Igreja Central Manmin, em Seul, Coréia do Sul, one inúmeras obras de Deus como curas milagrosas e maravilhas tem acontecido.

Em 1986, Dr. Lee foi consagrado pastor na Assembléia Anual da Igreja Sungkyul da Coréia e, quatro anos depois, em 1990, seus sermões começaram a ser transmitidos na Austrália, Rússia, Filipinas e muitos outros lugares pela Empresa de Transmissão do Extremo Oriente, Estação de Transmissão Asiática e pelo Sistema de Rádio Cristão de Washington.

Três anos depois, em 1993, a Igreja Central Manmin foi escolhida uma das "Cinquenta Maiores Igrejas do Mundo" pela revista *Christian World* (EUA) e o Dr. Lee recebeu o Doutorado em Divindade Honorário da Faculdade de Fé Cristã, na Flórida, Estados Unidos. Em 1996, tornou-se P.H.D em Ministério pelo Seminário Teológico de Kingsway, Iowa, nos Estados Unidos.

De 1993 em diante, e Dr. Lee tem liderado as missões mundiais com várias cruzadas internacionais, como na Tanzânia; Argentina; Los Angeles,

City of Baltimore, Havaí e Nova Iorque, nos Estados Unidos; Uganda; Japão; Paquistão; Quênia; Filipinas; Honduras; Índia; Rússia; Alemanha; Peru; República Democrática do Congo; e Israel. Em 2002, foi chamado de "pastor global" pelos maiores jornais cristãos da Coréia, devido aos seus diversos trabalhos internacionais.

Conforme dados de septembro de 2011, a Igreja Manmin Joong-ang é uma congregação de mais de 120.000 membros, com 9.000 congregações espalhadas pelo país e pelo mundo. Até hoje, já formou mais de 138 missionários e os enviou a 23 países, como os Estados Unidos, Rússia, Alemanha, Canadá, Japão, China, França, Índia, Quênia e muitos outros.

Até hoje, o Dr. Lee já escreveu 63 livros, incluindo os Best Sellers *Experimentando a Vida Eterna antes da Morte; Minha Fé Minha Vida I & II; A Mensagem da Cruz; A Medida da Fé; Céu I & II; Inferno* e *O Poder de Deus.* Suas obras foram traduzidas para mais de 67 línguas.

Suas colunas cristãs estão nos jornais *The Hankook Ilbo, The Chosun Ilbo, The JoongAng Daily, The Dong-A Ilbo, The Munhwa Ilbo, The Seoul Shinmun, The Kyunghyang Shinmun, The Hankyoreh Shinmun, The Korea Economic Daily, The Korea Herald, The Shisa News,* e *The Christian Press.*

Dr. Lee é atualmente líder de várias organizações missionárias e associações cristãs, como a Igreja Coreana Unida Santidade de Jesus Cristo (presidente), Missão Mundial Manmin (presidente permanente), Missão de Avivamento Mundial Cristianismo (fundador), TV Manmin (fundador e presidente), Rede Global Cristã (GCN) (fundador e presidente), Rede Mundial de Médicos Cristãos (WCDN) (presidente), e Seminário Internacional de Manmin (MIS) (presidente).

Céu I & II

Um esboço detalhado dos ambientes maravilhosos que os cidadãos do céu desfrutam e a linda descrição dos diferentes níveis dos reinos dos céus

Experimentando a Vida Eterna antes da Morte

O testemunho do Reverendo Dr. Jaerock Lee, que nasceu de novo, que foi resgatado do vale da morte e tem levado uma exemplar vida cristã.

Minha Fé Minha Vida I & II

A autobiografia do Dr. Jaerock Lee exala o mais fragrante aroma espiritual para seus leitores através de sua vida extraída do amor de Deus, florescido em meio a ondas fortes, um jugo pesado e profundo desespero.

A Mensagem da Cruz

Uma poderosa mensagem para despertar todas as pessoas que estão dormindo espiritualmente. Nesse livro podemos ver porque Jesus é o único Salvador e encontrar o verdadeiro amor de Deus.

O Poder de Deus

Um livro que todos devem ler como um guia essencial através do qual a pessoa pode possuir uma fé verdadeira e experimentar o maravilhoso poder de Deus.

Inferno

Uma mensagem profunda de Deus, que não deseja que nem uma alma sequer vá para as profundezas do inferno, a toda a humanidade! Você descobrirá coisas nunca antes reveladas sobre a cruel realidade do Ades e do inferno.